Das Möwen-Prinzip

Dr. Travis Bradberry ist Psychologe, Autor mehrerer Sachbücher und Geschäftsführer des Beratungsunternehmens TalentSmart, das sich der Erforschung individueller und betrieblicher Leistungsfähigkeit widmet. Als weltweit führender Anbieter von Tests, Coachings und Trainings zur Emotionalen Intelligenz zählt TalentSmart drei Viertel der Fortune500-Unternehmen zu seinen Kunden. Travis Bradberry lebt in San Diego, Kalifornien.

Travis Bradberry

Das Möwen-Prinzip

Die drei Geheimnisse
erfolgreicher Führung

Aus dem Englischen von Birgit Hofmann

Campus Verlag
Frankfurt/New York

Die amerikanische Ausgabe »Squawk! How to Stop Making Noise and Start Getting Results« erschien 2008 im Verlag Collins Business, ein Imprint von HarperCollins Publishers.
Copyright 2008 © by Dr. Travis Bradberry. All rights reserved.
Published by arrangement with HarperCollins Publishers, LLC.

Bibliografische Information der Deutschen Nationalbibliothek:
Die Deutsche Nationalbibliothek verzeichnet diese Publikation in der Deutschen Nationalbibliografie. Detaillierte bibliografische Daten sind im Internet unter http://dnb.d-nb.de abrufbar.
ISBN 978-3-593-38989-9

Das Werk einschließlich aller seiner Teile ist urheberrechtlich geschützt. Jede Verwertung ist ohne Zustimmung des Verlags unzulässig. Das gilt insbesondere für Vervielfältigungen, Übersetzungen, Mikroverfilmungen und die Einspeicherung und Verarbeitung in elektronischen Systemen.
Copyright © 2010. Alle deutschsprachigen Rechte bei
Campus Verlag GmbH, Frankfurt am Main.
Umschlaggestaltung: R.M.E, Roland Eschlbeck und Ruth Botzenhardt
Umschlagmotiv und Illustrationen: © Edwin Fotheringham
Satz: Campus Verlag GmbH, Frankfurt am Main
Druck und Bindung: Beltz Druckpartner, Hemsbach
Gedruckt auf Papier aus zertifizierten Rohstoffen (FSC/PEFC).
Printed in Germany

Besuchen Sie uns im Internet: www.campus.de

*Gewidmet all denjenigen unter uns,
die sich in schwierigen Situationen gelegentlich
dazu hinreißen lassen, viel Wind zu machen,
lautes Geschrei zu veranstalten und sich
chefmäßig aufzuplustern, nur um im Nachhinein
bestürzt festzustellen, dass man alle mit Dreck
beworfen hat...*

Inhalt

Teil I – Die Fabel

1. Die Chefmöwe Charlie   11
2. Eine Zufallsbegegnung   25
3. Exakt definierte Erwartungen   45
4. Botschaften, die ankommen   69
5. Immer die Leistungen im Blick behalten   93
6. Ein neuer Tag   111

Teil II – Das Modell

7. Die drei Geheimnisse erfolgreicher Führung   125
8. Aufgeplusterte Chefmöwen kommen Unternehmen teuer zu stehen   131
9. Sind Sie eine aufgeplusterte Chefmöwe?   139

I
Die Fabel

# 1
Die Chefmöwe Charlie

In seinem Job hatte sich Charlie schon immer als echter Überflieger gefühlt. Und wenn er sich als solcher bezeichnete, nahm ihm niemand das Wortspiel krumm. Schließlich war Charlie eine Möwe, und zwar eine, die ihren Job liebte. Und bis vor kurzem hatte Charlie auch allen Grund dazu gehabt. Als Chefmöwe einer kleinen Kolonie, deren Hauptbeschäftigung daraus bestand, in einem Meeresthemenpark im sonnigen Kalifornien auf Beutezug zu gehen, war Charlies Job das reinste Vergnügen gewesen.

Vor vielen Jahren hatten Charlie und seine Möwen in einer großen Kolonie an der Küste gelebt. Schon damals galt Charlie als kühnes, engagiertes Mitglied der Gemeinschaft, das gute Einfälle hatte wie Sand am Meer. Eines Tages erzählte er den anderen Möwen von einer besonders genialen, geradezu visionären Idee. Von einem Ort, der sich als Schlaraffenland für die Möwen erweisen würde, wenn sie es klug anstellten. Charlie hatte diesen Ort mit eigenen Augen gesehen, und viele der Möwen scharten sich Tag für Tag um ihn, wenn er davon berichtete. Es dauerte nicht lange, bis der clevere Charlie einen kleinen Trupp dazu überredet hatte, das karge Futterrevier an der Küste zu verlassen und mit ihm eine neue Kolonie an dem Ort zu gründen, den sie alle als das Schlemmerparadies bezeichneten.

Nachdem sich Charlies Trupp in dem Meeresthemenpark niedergelassen hatte, stellte sich schnell heraus, dass das Schlemmerparadies alle Erwartungen und Hoffungen übertraf. Das Futter war nicht nur extrem gehaltvoll, sondern auch ganz einfach zu rauben. Mit ihren waghalsigen Sturzflügen gelang es den Möwen immer, die völlig ahnungslosen Menschen zu überraschen. So lebten die findigen Möwen einige Jahre lang tatsächlich wie im Schlaraffenland. Tagsüber schnappten sie sich die besten Happen von den ahnungslosen Touristen, und abends kehrten sie zufrieden und satt zu ihrem sicheren Schlafplatz auf einem zerklüfteten Felsen ganz in der Nähe des Themenparks zurück. Während sich ihre Kollegen an der Meeresküste mit den Pelikanen und Fischern um die wenigen, dafür aber schlauen und schwer zu erwischenden Fische streiten mussten, konnte sich Charlies kleine Kolonie Tag für Tag über den schier unerschöpflichen Nachschub an leckeren Happen freuen, die die Parkbesucher an den Imbissständen kauften.

Von allen Möwen im Themenpark hatte Charlie eindeutig das beste Auge dafür, wann, wo und wie sich eine herzhafte Mahlzeit am besten abgreifen ließ. Beim Mundraub war Charlie einfach der Größte, und daher war es nicht weiter verwunderlich, dass ihn die anderen Möwen zu ihrem Chef ernannten. In seiner neuen Funktion als Chefmöwe gab es für Charlie aber nicht wirklich viel zu organisieren. Bei dem reichlichen Futterangebot ergab es sich eigentlich ganz von selbst, dass alle zufrieden und satt waren, und so musste sich

Charlie lange Zeit keine Gedanken darüber machen, wie er seine Möwen bei Laune halten konnte.

Diese Zeiten waren jetzt aber definitiv vorbei. Anfangs war die Zahl der Möwenküken, die hier und da aus den Eiern geschlüpft waren, noch recht überschaubar gewesen. Die Kleinen wuchsen jedoch unglaublich schnell heran und hatten schon bald selbst wieder Nachwuchs, sodass sich die Anzahl der Möwen in Charlies Kolonie innerhalb kürzester Zeit verdreifacht hatte, das Futterangebot aber dummerweise nicht.

Der Meeresthemenpark war zwar nach wie vor ein beliebtes und immer gut besuchtes Ausflugsziel, doch es konnte nun einmal nur eine bestimmte Menge an rotgesichtigen Touristen gleichzeitig an den Tischen und vor den Buden des Schlemmerparadieses Platz finden. Anfangs hatten die Möwen den hungrigen Nachwuchs mit offenen Flügeln in ihrer Kolonie willkommen geheißen, denn noch gab es reichlich Futter für alle. Doch mit dem Überfluss war es schon bald vorbei, und fortan brach über jeden einsamen Teller, auf dem es noch ein paar Bissen zu holen gab, Streit darüber aus, wer zuerst picken durfte.

Um Leckerbissen hatten sich die Möwen auch früher schon gelegentlich gezankt, doch der Streit dauerte nie lang – die nächste Mahlzeit stand ja meist schon bereit. Mit der Zeit und der wachsenden Anzahl hungriger Schnäbel wurde Futter jedoch mehr und mehr zu einer Mangelware. Die Streitereien wurden häufiger und erbitterter. Mit jedem Monat verschärfte sich der Futtermangel weiter, und unter dem Hunger litt nicht nur jede einzelne Möwe, sondern auch der Teamgeist, der bisher in der Kolonie geherrscht hatte.

Das Möwen-Prinzip

Die Chefmöwe Charlie

Auch als die jüngste Brut schon wieder paarungsbereit war, glaubte Charlie immer noch, er hätte alles im Griff, und widmete sich ausschließlich seinen Routineaufgaben: mit anderen Vögeln Verhandlungen über die Reviergrenzen führen, Streitereien in seiner Kolonie schlichten, dem einen oder anderen nichtsahnenden Kind im Sturzflug einen Leckerbissen entreißen und – zur Entspannung – das gelegentliche Präzisionsgeschoss fallen lassen, vorzugsweise auf Parkbesucher, die leichtsinnigerweise oben ohne herumschlenderten. Alles war wie immer und wie Charlie es liebte.

Bis er eines stürmischen Abends zum Schlafplatz seiner Kolonie zurückflog und schon von Weitem sah, dass seine Mitmöwen in heller Aufregung miteinander debattierten. Aufgrund der Gesprächsfetzen, die Charlie beim Näherkommen aufschnappte – es ging natürlich wieder einmal darum, dass nicht genug Futter da war –, glaubte er, es sei schon wieder Streit ausgebrochen. Noch im Anflug kreischte Charlie die ersten Befehle, landete inmitten seiner Artgenossen, schlug wie wild mit den Flügeln, um sich Platz zu verschaffen, und beendete seinen Auftritt mit einer Schimpftirade, womit seiner Ansicht nach die ganze Sache geregelt war.

Und wenn Charlie ein Problem für »gelöst« hielt, flog er normalerweise ganz geschäftig wieder davon, was es unmöglich machte, mit ihm zu diskutieren. An diesem Abend aber hatten sich so viele Möwen auf dem Felsen versammelt, dass er sich nirgendwohin zurückziehen konnte. Notgedrungen blieb Charlie also an Ort und Stelle, und da ihm nichts mehr einfiel, was er noch sagen könnte, trippelte er mit aufgeplusterter Brust und angelegten Flügeln chefmäßig hin und her.

Peinliches Schweigen breitete sich aus. Als Charlie etwas genauer in die Runde blickte, bemerkte er, dass seine Mitmöwen nicht wie üblich leicht verdattert dreinschauten, sondern ihn aufmerksam und mit einer seltsamen Entschlossenheit im Blick beobachteten, als hätten sie genau diese Situation kommen sehen.

Scott, die erfolgreichste Möwe der ganzen Kolonie, trat nach vorne und ergriff das Wort. Mit seinem glänzenden Gefieder und seiner kräftigen Statur bildete er einen krassen Kontrast zu den abgemagerten Gestalten hinter ihm. Scott war ein Gründungsmitglied der neuen Kolonie gewesen und nahm prinzipiell kein Blatt vor den Schnabel. »Charlie, wir haben ein gravierendes Problem.«

»Tatsächlich? Was ist denn passiert?«, fragte Charlie, der annahm, es hätte einen Unfall gegeben.

»Wir haben Hunger, Charlie! Das Futter reicht hinten und vorne nicht«, antwortete Scott und warf einen vielsagenden Blick auf die hageren Vögel, die sich rechts und links von ihm zusammendrängten.

Auch Charlie musterte seine Artgenossen. »Ihr habt wirklich schon einmal besser ausgesehen! Klauen euch die verdammten Spatzen das Futter vor dem Schnabel weg?«, wollte er wissen. Ihm schlug ein eisiges Schweigen entgegen. »Jetzt hört mir mal zu«, wetterte Charlie. »Macht euch bloß keine Sorgen – keiner von euch muss sich Sorgen machen –, lasst euch das nicht gefallen! Ihr könnt doch jeden Vogel, der euch das Futter wegschnappen will, locker austricksen. Glaubt es mir, das weiß ich aus eigener Erfahrung.«

»Charlie, du kapierst gar nichts«, warf Maya ein, die sich

Die Chefmöwe Charlie

ebenfalls nach vorn drängelte. »Der einzige Vogel, der uns um unser Futter bringt, bist du!« Wie Scott war auch Maya schon von Anfang an dabei und wurde aufgrund ihrer Klugheit und Umsicht von allen geschätzt. Anders als Scott hielt sich Maya aber normalerweise im Hintergrund, sodass ihre für sie ungewöhnlich scharfe Bemerkung hörbar für Unruhe in der Truppe sorgte.

»Wwwas? Wie bitte? *Ich?*«, stammelte Charlie geschockt. »Ich schlage mir doch nicht den Bauch voll und lasse euch nichts übrig! Und überhaupt, wir fliegen uns doch sowieso so gut wie nie über den Weg!«

»Und genau das ist ein Teil des Problems, Charlie«, entgegnete Maya.

Verdattert kratzte sich Charlie mit der Flügelspitze am Kopf und meinte: »Ich verstehe gar nichts mehr. Obwohl ich überhaupt nicht da bin, nehme ich euch euer Futter weg? Wie soll das denn gehen?«

»Nimm das nicht so wörtlich, Charlie«, schaltete sich Scott wieder ein und erklärte: »Das Problem ist, es gibt nicht genug Futter, und unter deiner Führung passiert nichts, was die Situation verbessert.«

»Wie soll ich denn bitte schön dafür sorgen, dass ihr alle satt werdet, wenn mich niemand informiert, dass es nicht genügend Futter gibt?«, entrüstete sich Charlie.

»Wir versuchen schon seit einiger Zeit, mit dir darüber zu sprechen, aber du hörst uns ja nicht zu. Wie vorhin! Du kommst angeflattert und bildest dir ein, genau zu wissen, was los ist. Wir wollen endlich einmal mit dir darüber reden, und darum haben wir uns heute hier versammelt.«

»Also gut, wenn das so ist, dann raus damit: Was mache ich denn falsch?«, fragte Charlie. »Ich will jetzt schon ganz genau wissen, weshalb ich dafür verantwortlich sein soll, dass ihr nicht genug zu futtern findet.«

Yufan, ein Zuzügler aus Taiwan, der erst vor kurzem zur Kolonie gestoßen war (er war in einem Schiffscontainer eingesperrt worden, der zu seinem Glück mit Thunfischdosen beladen war, deshalb war sein Schnabel noch immer etwas stumpf), trat nun vor und fragte, ob er sich an der Diskussion beteiligen durfte. Die im Halbkreis versammelten anderen Möwen nickten zustimmend. Als Yufan zu sprechen anhob, fühlte Charlie, wie sich seine Kehle zuschnürte. *Anscheinend hat sich die ganze Kolonie gegen mich verschworen*, dachte er beunruhigt.

»Du verstehst nicht, welches Problem der schwindende Futtervorrat für uns darstellt, weil du die meiste Zeit irgendwo anders herumflatterst. Wir bekommen dich nur zu Gesicht, wenn du uns zanken siehst oder wir dich um Hilfe bitten. Und dann schießt du herunter wie ein Blitz aus heiterem Himmel und...«

»Ich bin eben sehr beschäftigt. Soll ich euch den ganzen Tag beglucken und euch füttern wie kleine Küken?«, höhnte Charlie.

Eine Weile war nichts als das nervöse Scharren zahlreicher schwimmhäutiger Füße zu hören, bis Scott wieder das Wort ergriff: »Komm schon, Charlie, das ist nicht fair und hilft kein bisschen weiter. Lass Yufan bitte ausreden.«

Charlie streckte der versammelten Truppe die Flügelspitzen entgegen, trat ein paar Schritte zurück, senkte den Kopf und

Die Chefmöwe Charlie

presste den Schnabel fest zusammen zum Zeichen, dass er ab jetzt nichts mehr sagen, sondern nur noch zuhören würde.

»Wenn du also wie ein Blitz aus heiterem Himmel heruntergeschossen kommst, weil wir ein Problem haben«, fuhr Yufan fort, »hörst du dir nie an, worum es eigentlich geht, weil du viel zu sehr damit beschäftigt bist, uns anzukreischen.«

»Wie heute Abend auch«, warf Scott ein. »Ohne zu wissen, was überhaupt los ist, kommandierst du uns herum und sagst uns, was wir zu tun haben. Als ob alles furchtbar einfach wäre, und wir nur zu dumm wären, es zu verstehen.«

»Moment mal«, protestierte Charlie lautstark, »ich habe noch nie behauptet, einer von euch wäre dumm!«

Einige Möwen zogen erschrocken die Köpfe ein, doch Scott ließ sich nicht einschüchtern. Da er Charlie gut kannte, hatte er schon geahnt, wie das Gespräch verlaufen würde. »Stimmt Charlie, das hast du nicht. Aber wir kommen uns vor wie frisch geschlüpfte Küken, die noch feucht hinter den Ohren sind, wenn du immer wie ein geölter Blitz angeschossen kommst und uns anschreist. Dadurch vermittelst du uns das Gefühl, unerfahrene und unfähige Möwen zu sein, die von sich aus keinen vernünftigen Gedanken ausbrüten können.« Scott hatte sich in Fahrt geredet und hielt den Zeitpunkt für gekommen, seinem Chef nun wirklich etwas klar machen zu können. Daher fuhr er fort: »So wie neulich ...«

»Wann genau?«, platzte es aus Charlie heraus, der von seiner Zuhörerrolle den Schnabel gestrichen voll hatte.

Yufan kam Scott zu Hilfe: »Nur die Ruhe, Charlie, ich weiß, was Scott sagen wollte. Er dachte an Donnerstagnachmittag letzte Woche. Erinnert ihr euch an den dicken, haarigen Kerl im orangefarbenen Tank-Top, der seiner Frau noch schnell eine extragroße Portion Nachos mit Jalapeños gekauft hat, bevor die Stände geschlossen haben? Dann haben sich die beiden plötzlich gestritten – weil er ausgerechnet Jalapeños gekauft hatte, obwohl sie dagegen allergisch war und er das hätte wissen müssen –, rauschten wutentbrannt ab und ließen die Nachos einfach auf dem Tisch stehen.«

»Und weiter?« Wie es oft der Fall ist, wenn man eine ganze Litanei an Beschwerden über sich ergehen lassen muss, riss Charlie zusehends der Geduldsfaden.

»Wir alle flogen sofort hin, um sie uns schmecken zu lassen. Doch selbst um die extragroße Portion war zu wenig Platz, als dass sich jede Möwe einen Schnabel voll Nachos hätte herauspicken können. Anstatt zu futtern haben wir also beratschlagt, was wir nun tun sollen.«

»Schön, schön. Und dann...?« Ungeduldig tappte Charlie mit dem Fuß und wartete darauf, dass Yufan endlich zum Punkt kam.

»Wir waren uns unsicher. Die Portion reichte einfach nicht für alle, und da nirgendwo sonst Futter herumstand, konnten wir uns auch nicht aufteilen. Hinzu kam, dass keiner von uns ein Vorrecht auf die Nachos anmelden konnte, weil das Menschenpaar sie ja gerade erst hatte stehen lassen.« Jetzt hatte Yufan Charlies volle Aufmerksamkeit gewonnen. »In letzter Zeit sind Situationen wie diese an der Tagesordnung, und deswegen bekommen auch so viele von uns nicht genügend zu futtern.«

Charlie hatte sich wieder einigermaßen beruhigt. »Ich verstehe, was du meinst. In dieser Situation habt ihr euch in einer interessanten Zwickmühle befunden. Was ich aber nicht verstehe, ist, was das mit meinem Führungsstil zu tun haben soll.«

»Das verstehst du nicht?«, rief Maya aufrichtig erstaunt.

»Nein, das tue ich nicht. Was habe ich denn mit eurem Problem von Donnerstag letzter Woche zu tun?«, fragte Charlie.

Yufan konnte nur enttäuscht den Kopf schütteln, während die anderen Möwen entnervt mit den Augen rollten.

Es war Scott – wer sonst? – der als Erster seine Sprache wiederfand. »Na ja, Charlie, Maya ist losgezogen, um dich zu holen, damit du uns hilfst, eine Lösung zu finden. Und du hast ja dann einen deiner üblichen Auftritte hingelegt. Du bist im Sturzflug mitten auf dem Tisch gelandet, hast eine Menge Wind gemacht und ein paar hohle Phrasen gedroschen, die uns auch nicht weitergebracht haben. Irgendetwas in der Art von: ›Wer die Nachos zuerst gesehen hat, der kriegt sie auch, der Rest schwirrt ab und sucht sich etwas anderes. Das hier reicht nicht für alle.‹ Und dann hast du dir selbst ein paar Brocken geschnappt und bist wieder weggeflogen. Und Tschüss! Anstatt mit uns eine Lösung zu finden, hast du uns mit dem Problem und ein paar Nachos weniger einfach sitzen gelassen.«

»Ich habe mich wie ein dummes Küken gefühlt – und stand vor den anderen auch so da –, als du dich darüber aufgeregt hast, dass ich dich überhaupt geholt habe, weil du von uns erwartest, dass wir solche Angelegenheiten gefälligst selbst regeln«, sagte Maya. »Dabei hatten wir uns schon einige Möglichkeiten überlegt und wollten unsere Ideen und möglichen Strategien mit dir besprechen. Doch dich hat das alles gar nicht interessiert. Nachdem du da warst, hat sich die Situation nur verschlimmert.«

»Genau! Anstatt Unterstützung haben wir von dir nur einen... äh... «, hob eine Möwe aus der hintere Reihe mit zitternder Stimme an.

»Was? Raus damit!«, krächzte Charlie.

»Einen Haufen Möwendreck abbekommen«, ergänzte Scott widerstrebend.

In der Stille, die sich nun ausbreitete, hätte man eine Feder zu Boden fallen hören.

Maya fasste sich ein Herz und beschloss, Scott beizustehen und ein für alle Mal klarzustellen, was sie alle dachten: »Es war, als hättest du uns mit Möwendreck beworfen. Wir, unser Problem, unsere Ideen und unsere hart erarbeiteten Vorschläge waren dir nur einen Haufen Möwendreck wert, und dann hast du es uns überlassen, mit dem ganzen Mist – *deinem Mist* – fertig zu werden.«

Charlie fühlte sich wie vom Schlag getroffen. Auf Menschen ließen Möwen gerne den einen oder anderen Klecks fallen, um den Zweibeinern ihre Überlegenheit zu beweisen. Dass sich eine Möwe jemals einen ihrer Artgenossen als Opfer aussuchen würde, war ganz und gar undenkbar.

Von geradezu ohrenbetäubender Stille umgeben, fühlte sich Charlie zu keiner Regung fähig. Die harte Kritik, die er sich von seiner Kolonie hatte anhören müssen, schmerzte ihn zutiefst und machte es ihm schwer, einen klaren Gedanken zu fassen. Er hatte als Chefmöwe versagt, und er hatte keine Ahnung, was er nun tun sollte. Alle starrten ihn erwartungsvoll an, als er schließlich sagte: »In Ordnung, jetzt weiß ich, was Sache ist. Ihr habt es mir laut und deutlich zu verstehen gegeben. Ich verschwinde dann mal.«

Und weg war er.

2
Eine Zufallsbegegnung

Nachdem Charlie in die Dunkelheit entschwunden war, setzten die Möwen ihre Besprechung fort, um über die Optionen zur Lösung ihres Futterproblems zu diskutieren. Die naheliegendste Lösung war, eine kompetente neue Chefmöwe zu ernennen, doch es fehlte an geeigneten Kandidaten. Maya hatte zwar immer großartige Ideen, doch die Vorstellung, eine so exponierte Funktion in der Kolonie zu übernehmen, schreckte sie ab. Auch Scott wurde von den Möwen als neuer Anführer in Betracht gezogen, doch ihm war von vorneherein klar, dass seine dreiste und unverblümte Art anderen gegenüber nur zusätzliche Probleme schaffen würde. Yufan schien der geeignetste Kandidat zu sein, da er nicht nur hart arbeitete, sondern auch ein ausgesprochen umgänglicher und liebenswerter Typ war. Doch Yufan war mit seiner Position mehr als zufrieden und hatte keinerlei Ambitionen, die Möwenkolonie zu führen. Letztendlich kamen die Möwen zu dem Schluss, dass Charlie Chefmöwe bleiben sollte, er seinen Führungsstil aber radikal würde ändern müssen.

Früh am Morgen des nächsten Tages kehrte Charlie mit eingezogenen Schwanzfedern zu seiner Kolonie zurück. Er war sehr erleichtert zu hören, dass ihn die anderen noch immer als Chef haben wollten. Scott konnte es kaum erwarten, sich mit ihm über die Ereignisse des gestrigen Abends zu unterhalten, und während sich die Kolonie nach und nach ins Schlemmerparadies aufmachte, um an die Arbeit zu gehen, zogen sich die beiden an einen ungestörten Ort zurück.

»Dass unsere Kritik so harsch ausfiel, war nicht geplant, Charlie«, begann Scott.

Mit einem Nicken gab Charlie zu verstehen, dass er Scotts Bemerkung als eine Art Waffenstillstand akzeptierte.

»Aber du musst auch verstehen, dass unsere Sorge nicht unbegründet ist. Schau dich doch nur einmal um!« Schweigend ließ Scott seinen Blick über die Kolonie schweifen, die sich watschelnd, flatternd und fliegend in Richtung Schlemmerparadies begab. »Unsere Kolonie ist gewachsen, und seit wir hier leben, hat sich vieles verändert. Was früher gut funktioniert hat, klappt heute nicht mehr. So geht es nicht weiter, Charlie. Wir brauchen deine Anleitung, du musst mit uns zusammenarbeiten, uns unter die Flügel greifen, damit wir die Futterkrise überstehen. Es darf nicht sein, dass auch nur eine Möwe Hunger leidet. Schließlich sind wir dir nur aus dem Grund hierher gefolgt, um nicht mehr hungern zu müssen.«

Nachdem Charlie die ganze Nacht Zeit gehabt hatte, sich zu beruhigen und über die Tragweite ihrer Misere nachzudenken, war er deutlich offener für die Kritik seiner Kolonie als am Abend zuvor. »Ihr habt ja Recht«, gab er zu. »Glaub mir, ich habe mich wirklich bemüht, mein Bestes zu geben. Mir war einfach nicht bewusst, dass ich meinen Job nicht sonderlich gut erledige. Ich werde alles in meiner Macht Stehende

Eine Zufallsbegegnung

tun, um meine Fehler wieder gutzumachen, und ich bin bereit, mich zu ändern.«

Charlies Ankündigung, neue Töne bei der Führung der Kolonie anzuschlagen, wurde von den Möwen begeistert aufgenommen. Sie fühlten sich von neuer Energie beflügelt und machten sich mit frischem Elan an die Arbeit – doch Woche um Woche verstrich, ohne dass sich ihre Situation zum Besseren wandte. Sicher, Charlie übte sich in Geduld, wenn die Möwen wieder einmal über Futter stritten oder ihn um Hilfe baten, aber nach wie vor war er offensichtlich viel zu beschäftigt, um kostbare Zeit für die Lösung ihrer Probleme erübrigen zu können. Daher beschlossen die Möwen, Eigeninitiative zu zeigen und Charlie ihre Vorschläge zur Entschärfung der zunehmend ausweglosen Lage zu unterbreiten.

Darüber, wie viele Futtervorräte es in dem Park wohl gab und wie man es anstellen könnte, diese zu plündern, hatten die Möwen schon oft spekuliert. Mit Sicherheit war die erprobte Sturzflugstrategie, mit der die Möwen unaufmerksamen Gästen des Schlemmerparadieses die Leckerbissen entrissen, nicht die einzige Möglichkeit, sich die Bäuche vollzuschlagen.

Als eines der langjährigsten Mitglieder der Kolonie war Scott getreu seinem Motto »Frechheit siegt« zu größeren Risiken bereit als die anderen Möwen. Daher trat er energisch dafür ein, sich die Hauptfutterquelle zu erschließen, anstatt noch weiter über den Futtermangel zu jammern. Er hatte beobachtet, dass die Lebensmittel für das Schlemmerparadies jeden Morgen vor Sonnenaufgang angeliefert wurden. Wenn also einige Möwen früh genug zur Arbeit fliegen würden, könnten sie von dem Lieferanten ausreichend Futter für die ganze Kolonie stibitzen.

Zur allgemeinen Überraschung ließ Charlie Scott ausreden und lobte sogar das Potenzial seines Vorschlags, war aber dennoch dagegen, die Strategie umzusetzen. »Eine Nachtschicht einzuführen, kommt gar nicht infrage«, erklärte Charlie. »Dadurch würde unser Tagesablauf empfindlich gestört. Übermüdete Zombies, die im Schlemmerparadies herumtorkeln, können wir wirklich nicht gebrauchen. Die Futtersuche erfolgt in einer Schicht, *und zwar tagsüber*, basta!«

Die nächste Idee kam von Maya. Auch ihre clevere Strategie zielte darauf ab, eine ungenutzte Futterquelle in dem Park zu erschließen – die Souvenirläden. Maya berichtete, dass die meisten Souvenirläden nicht nur Geschenkartikel, sondern auch Süßigkeiten und andere Knabbereien in den Regalen stehen hatten. Und um hungrige Parkbesucher darauf aufmerksam zu machen, standen die Ladentüren für gewöhnlich weit offen. Maya hatte sich überlegt, dass es einer geschickten Möwe gelingen könnte, schnell wie der Wind eine Tüte Chips abzugreifen, wenn der Ladenbesitzer gerade abgelenkt war.

Charlie, dem nicht entgangen war, wie sehr sich die Möwen noch immer darüber ärgerten, dass er Scotts Vorschlag abgelehnt hatte, hielt es für klüger, nun wenigstens Mayas Vorschlag grünes Licht zu geben. Da ihm klar war, dass es sich dabei um eine Art Raubüberfall handelte, ließ er Maya das Versuchskaninchen spielen. Auf ihre typisch unauffällige Art und Weise schwebte Maya lautlos wie eine Feder in den Laden und mit einer Tüte Chips in den Krallen wieder hinaus.

Eine Zufallsbegegnung

Die Mission war ein voller Erfolg, und auch auf ihren weiteren Raubzügen machte Maya jedes Mal Beute.

Angesichts Mayas anhaltender Erfolge wollte Scott es unbedingt auch einmal probieren. Da allgemein bekannt war, wie schwer es Scott fiel, seinen Schnabel zu halten, ermahnte ihn die ganze Kolonie dazu, sich dem Laden unbedingt möglichst lautlos zu nähern. Doch Scott, der sich schon ausmalte, wie er nach seinem heldenhaften Einsatz als Retter der Kolonie gefeiert würde, warf alle Vorsicht über Bord. Als er den richtigen Zeitpunkt für seinen Überfall für gekommen hielt, watschelte er laut krächzend in den Laden, aus dem er nur Augenblicke später sehr unheldenhaft wieder hinausbefördert wurde – mithilfe eines Besens. Und prompt verkündete Charlie, mit den Überfallkommandos auf die Souvenirläden sei ab sofort Schluss.

Der einzige Vorschlag, den Charlie jetzt noch abschmettern konnte, kam von Yufan, und die gesamte Kolonie befürchtete, dass der Erfolg oder Misserfolg dieser letzten Strategie darüber entscheiden würde, ob sie weiterhin die Annehmlichkeiten des Schlemmerparadieses genießen konnte oder wieder an die karge Meeresküste zurückkehren musste.

Yufan war ein echtes Arbeitstier, das keine noch so große Herausforderung scheute. Gab es etwas zu erledigen, war Yufan der Erste, der sich Hals über Kopf in die Arbeit stürzte und nicht ruhte, bis sie getan war. Schlafen, essen und Freizeitvergnügungen interessierten ihn wenig, solange es galt, ein Projekt zügig zu Ende zu bringen. Dass Yufans Vorschlag auf dem Prinzip »Wer sich nicht über Wasser halten kann, geht eben unter« beruhte, war daher nicht weiter verwunderlich. Seine simple Strategie lautete: Jede Möwe ist selbst dafür verantwortlich, genug Futter zu finden. Gelingt es ihr, kann sie bleiben, gelingt es ihr nicht, muss sie an die Küste zurückkehren.

Mit dieser Idee konnte sich Charlie spontan anfreunden, sie leuchtete ihm absolut ein. Doch ab dem Moment, in dem Yufans Strategie umgesetzt wurde, war es mit der Teamarbeit in der Kolonie vorbei, da jede Möwe nur noch daran dachte, den eigenen Platz im Schlemmerparadies zu sichern. Aufgrund der zunehmend aggressiven Art, mit der die Möwen auf Futterjagd gingen, herrschte vor den Imbissbuden und Restaurants schon bald ein ziemliches Chaos. In dem Augenblick, in dem sich ein Parkbesucher seine Essensbestellung an der Theke abholte, wurde er auch schon von hackenden und pickenden Möwen bedrängt, die sich von allen Seiten auf seinen Teller stürzten. Möwen kreischten vor Gier, Kinder kreischten vor Angst, das gute Essen landete meist auf dem Boden, und die Parkangestellten kratzten sich angesichts des seltsamen Verhaltens der Möwen ratlos am Kopf.

Die Ratlosigkeit der Parkangestellten währte nicht lange. Es ging schließlich nicht an, dass ein Haufen wild gewordener Möwen die Kundschaft verschreckte. Daher wurde beschlossen, das Problem mit den Möwen auf dieselbe Art und Weise zu lösen, wie die Ranger in den Nationalparks die Probleme mit Bären lösen, die die Zeltplätze unsicher machen, weil sie Geschmack an menschlicher Nahrung gefunden haben. Man würde die aggressiven Möwen einfangen und umsiedeln.

Scott war zwar schlau und schnell, aber auch so dreist, dass die Menschen beschlossen, er müsse als Erster gefangen werden. Allerdings blieb Scott nicht nur das erste, sondern auch das einzige Opfer, das ihnen ins Netz ging, denn mit ihrer »Jagd« hatten die Parkangestellten die anderen Möwen aufgescheucht und panikartig in die Flucht getrieben. Mit den Sturzflugattacken im Schlemmerparadies war es zu Ende.

Charlie hatte von Scotts Gefangennahme nichts mitbekommen, da er zu diesem Zeitpunkt am anderen Ende des Parks unterwegs gewesen war. Als er abends zum Schlafplatz zurückkehrte, warteten Maya und Yufan schon auf ihn.

»Schlechte Neuigkeiten, Charlie«, begrüßte ihn Yufan. »Mein Plan hat nicht so gut funktioniert, die Menschen haben Scott gefangen.«

»Oh je!« Charlie war geschockt und ernsthaft besorgt. »Wohin haben sie ihn denn gebracht?«

»Einer der Delfine hat zufällig gehört, wie sich die Menschen darüber unterhalten haben, Scott am Saltonsee auszusetzen. Mitten in der Wüste!«, berichtete Maya. »Der Ärmste hat einen weiten Heimweg vor sich.«

»Welchen Ausrutscher hat er sich denn wieder geleistet, dass sie ihn haben einfangen können?«, wollte Charlie wissen.

»Gar keinen, Charlie. Er hat dasselbe gemacht wie wir alle. Wir haben um das Futter gekämpft, weil keiner von uns an die Küste zurückgeschickt werden will«, sagte Yufan.

»Aha, verstehe«, fuhr Charlie fort. »Sieht so aus, als müsstet ihr damit aufhören.«

»Ja, wir haben schon damit aufgehört, Charlie. Wir machen jetzt wieder genau das, was wir vor der ganzen Geschichte gemacht haben. Alles bleibt, wie gehabt«, sagte Maya.

Eine Zufallsbegegnung

»Großartig. Dann hätten wir das ja geklärt«, entgegnete Charlie zufrieden.

»Nicht ganz, Charlie. Du erinnerst dich doch bestimmt noch an den Abend vor einigen Wochen, an dem wir alle mit dir gesprochen haben. Du hast versprochen, deinen Führungsstil zu ändern, aber du hast dein Versprechen nicht eingehalten«, wandte Yufan ein.

Charlie schluckte. Es war sein Job, die Kolonie zu führen. Er hatte den Möwen versprochen, mit ihnen zusammenzuarbeiten, ihnen zu helfen und alles besser zu machen. Er hatte ihnen versprochen, sich zu ändern. Und jetzt steckten sie in der Klemme – im Schlemmerparadies gefangen und dem Hungertod nahe, weil sie ihm, ihrer Chefmöwe, gefolgt waren.

»Wir können nicht länger darauf warten, dass du dich vielleicht doch noch änderst«, fuhr Yufan fort. »Wir müssen noch ungefähr einen Monat hier bleiben, bis die jüngsten Küken gut genug fliegen können, um die Reise zu schaffen, und dann kehren wir an die Küste zurück.«

»Ihr macht *was*?«, krächzte Charlie.

»Wir ziehen wieder zurück, Charlie. Wir haben den Schnabel gestrichen voll von hier«, sagte Yufan.

»Bist du derselben Meinung, Maya?«, fragte Charlie.

»Wir sind alle derselben Meinung, Charlie. Diese Entwicklung hat sich schon seit einiger Zeit abgezeichnet«, antwortete Maya traurig.

Charlie ließ seinen Blick über die stoischen Mienen seiner Kolonie schweifen. Ihm wurde schwindelig. Für eine Möwe, die sich einbildete, ihren Job gut zu machen, war die Lage absolut unerträglich.

Eine Zufallsbegegnung

»Sei nicht zu streng mit dir, Charlie«, meinte Yufan und legte seinem Chef mitfühlend den Flügel um die Schulter. »Es hat eben einfach nicht funktioniert.«

»Und solange es funktioniert hat, war es einfach großartig hier«, fügte Maya hinzu.

Charlie taumelte einige Schritte zurück, wirbelte herum und flog schmollend davon. In der Stille der Nacht trug er einen inneren Kampf mit sich aus. Hatte er nicht immer nur zu helfen versucht, seit er die Führung der Kolonie übernommen hatte? Hatte es ihn nicht Blut, Schweiß und Tränen gekostet, die Vormachtstellung seiner Kolonie im Schlemmerparadies zu sichern? Doch in letzter Zeit hatten sich seine alten Führungsmethoden mehr und mehr als erfolglos und unwirksam erwiesen. Anscheinend wollte nichts mehr klappen, und Charlie hatte keine Ahnung, warum.

Die Mitternachtsstunde verstrich, und noch immer war Charlie tief in Gedanken versunken. Er wünschte, er hätte einen Plan, mit dem er zu seiner Kolonie zurückkehren könnte. Wie gerne würde er seinen Möwen eine Möglichkeit aufzeigen, um ein sorgenfreies, glückliches Leben im Schlemmerparadies führen zu können. Und was sich Charlie am meisten wünschte, war, Chefmöwe zu bleiben. In Gedanken versunken, trippelte er am Rand des Schildkrötenbeckens auf und ab, als hinter ihm plötzlich eine tiefe Stimme aus der Dunkelheit ertönte. Erschrocken drehte sich Charlie so abrupt um, dass er ausrutschte und rückwärts ins Wasser fiel.

Bis Charlie mit einigen geschickten Paddelschlägen an die Oberfläche zurückgekehrt war, hatte er sich von seinem Schrecken auch schon wieder erholt und blinzelte angestrengt

Das Möwen-Prinzip

in die Dunkelheit, um zu erkennen, wer ihn da aus seinen Gedanken gerissen hatte.

»Wer ist da?«, wollte er wissen.

»Ich. Gleich hier«, kam die Antwort. Der unsichtbare Sprecher war Charlie so nahe, dass er instinktiv mit den Flügeln um sich schlug.

Charlie senkte den Blick und sah direkt neben sich einen zerfurchten Panzer, aus dem ihn eine alte Meeresschildkröte mit schiefem Grinsen ansah.

»Musste das sein, dass du mich so erschreckst?«, fuhr Charlie sie an.

»Entschuldige, das war keine Absicht«, versicherte die Schildkröte.

»Warum lässt du mich nicht in Ruhe?«, schimpfte Charlie verärgert. »Siehst du nicht, dass ich beschäftigt bin? Ich muss nachdenken.«

»Na ja, du siehst aus, als könntest du Hilfe gebrauchen«, erklärte die Schildkröte.

»Wie wahr«, murmelte Charlie vor sich hin.

»In der Tat«, bestätigte die Schildkröte.

Hält sich der Kerl für einen Gedankenleser?, fragte sich Charlie entnervt. *Als ob mir so ein verschlafener, seniler Greis helfen könnte! Na, das wollen wir ja mal sehen.*

»Dann lass doch mal hören, wobei ich deiner Meinung nach Hilfe brauchen könnte«, forderte Charlie die Schildkröte auf.

»Zu deiner Information, ich heiße Oskar. Und du, Charlie, musst dir ganz schnell etwas einfallen lassen, damit du Anführer deiner Kolonie bleiben kannst.«

Eine Zufallsbegegnung

»Stell dir vor, darauf bin ich selbst auch schon gekommen!«

Obwohl Charlie sich seine bissige Bemerkung nicht hatte verkneifen können, hatte Oskar sein Interesse geweckt. Charlie musterte die Schildkröte etwas genauer. Er hatte den Meeresschildkröten nie sonderlich viel Beachtung geschenkt, obwohl sich ihr Bassin in unmittelbarer Nähe des Schlemmerparadieses befand. Da Charlie immer so beschäftigt war, hatte er ihr Wasserbecken bisher kaum eines Blickes gewürdigt und war nie auch nur auf den Gedanken gekommen, einmal ein Schwätzchen mit seinen Nachbarn zu halten.

»Du hast mich offensichtlich beobachtet«, sagte Charlie.

»Ja, das habe ich. Und ehrlich gesagt, bist du auch wirklich nicht zu übersehen, Charlie. Dauernd schwirrst du herum, machst jede Menge Wind und veranstaltest ein riesiges Geschrei, wenn die anderen Möwen sich in die Federn geraten. Du ziehst wirklich eine ziemliche Show ab«, entgegnete Oskar.

»Herzlichen Dank für deine aufmunternden Worte, Oskar«, gab Charlie bissig zurück. »Ich gehe jetzt. Schließlich muss ich mir bis morgen früh einen Plan einfallen lassen, sonst kannst du mich nie wieder dabei beobachten, wie ich jede Menge Wind und noch mehr Geschrei veranstalte.« Bei diesen Worten schnippte er verächtlich mit den Flügelspitzen.

»Ach wirklich? Warum das denn?«, fragte Oskar.

»Willst du es wirklich wissen?«, fragte Charlie unsicher und konnte kaum glauben, dass er im Begriff war, einer behäbigen, flugunfähigen Meeresschildkröte sein Herz auszuschütten.

»Ja natürlich. Schieß los«, ermunterte ihn Oskar.

»In Ordnung. Das Problem ist, dass die Kolonie Hunger leidet, weil es im Schlemmerparadies zu wenig Futter für alle gibt. Und die anderen Möwen behaupten, dass ich alles nur noch schlimmer mache, wenn ich versuche, die Streitereien um das Futter zu schlichten. Aber wenn ich sehe, dass meine Möwen in Schwierigkeiten sind, muss ich doch eingreifen und etwas unternehmen, verdammt noch mal!«, ereiferte sich Charlie.

»Ich finde es bewundernswert, dass du dich so engagierst und dich für die Möwen einsetzt, die für dich arbeiten, Charlie«, bemerkte Oskar. »Was will denn die Kolonie deiner Ansicht nach von dir?«

»Dass ich aufhöre, ich selbst zu sein, schätze ich«, stöhnte Charlie. »Entweder das, oder dass ich Futter vom Himmel regnen lasse.«

»Aber was soll das denn heißen, dass du aufhören sollst, du selbst zu sein?«

»Ach, ich weiß auch nicht so genau. Mir ist klar, dass ich hin und wieder etwas sage oder tue, was die anderen Möwen frustriert. Doch seitdem die Futterkrise ausgebrochen ist, sind sie nicht nur frustriert, sondern scheinen irre geworden zu sein.«

»*Du* bist derjenige, der sie irre macht«, stellte Oskar fest.

»Das kann ich mir nicht vorstellen«, verteidigte sich Charlie.

»Aber offensichtlich ist die Kolonie einstimmig der Meinung, dass du es bist, der sich ändern muss. Was die Mehrheitsverhältnisse angeht, stehst du auf verlorenem Posten.«

Eine Zufallsbegegnung

»In diesem Punkt muss ich dir leider zustimmen«, antwortete Charlie und starrte mit leerem Blick in die Dunkelheit. Erneut packte ihn die Angst um die Zukunft der Kolonie.

»Na dann, was ist dein Plan?«, fragte Oskar.

»Mein Plan? Ich habe keinen. Die Kolonie hat mir mitgeteilt, dass sie noch ungefähr einen Monat hierbleibt und wartet, bis die jüngsten Küken flügge sind, und dann fliegt sie geschlossen an die Küste zurück.«

»Das ist ja wirklich jammerschade!«

Wie einer, der sich endgültig geschlagen gibt, konnte Charlie nur resigniert nicken.

»Nun, wenigstens hast du noch vier Wochen Zeit, um dir etwas einfallen zu lassen«, merkte Oskar an.

»Das bringt jetzt auch nichts mehr. Die Kolonie hat entschieden, und ich kann nichts tun, um sie von ihrem Entschluss abzubringen.«

»Bist du dir da sicher?«

»Ja, bin ich«, krächzte Charlie verärgert. Er merkte selbst, dass sich seine Laune beträchtlich verschlechtert hatte, vermutlich, weil Oskar sich wie ein begriffsstutziger Trottel benahm.

»Was würdest du sagen, wenn ich dir verrate, wie du das Vertrauen deiner Kolonie zurückgewinnen und sie dazu bewegen kannst, auch nach dem Ablauf des Monats noch hier zu bleiben?«, fragte Oskar.

»Ich würde sagen, du bist völlig verrückt!«, gab Charlie zurück. »Es sei denn, du verrätst mir, wo wir einen riesigen Futtervorrat finden.«

»Negativ, damit kann ich nicht dienen. Außerdem geht ja

auch der größte Futtervorrat irgendwann einmal zur Neige. Mit meinem Vorschlag kannst du die langfristige Versorgung deiner Kolonie sicherstellen. Im Prinzip bis in alle Ewigkeit – oder zumindest so lange, wie du gewillt bist, die Sache am Laufen zu halten.«

So sehr Oskars umständliche Art Charlie auch nervte, musste er sich doch eingestehen, dass es ihn brennend interessierte, was die alte Schildkröte zu sagen hatte. »Und wie genau lautet nun dein Vorschlag, *Schildkröte*?«, bohrte er ungeduldig nach.

»Es freut mich, dass du ihn hören willst. Was ich dir zu sagen habe, ist deine einzige Chance, die Unterstützung deiner Kolonie zurückzugewinnen. Du musst die drei Geheimnisse erfolgreicher Führung erkennen und sie dir zunutze machen.«

Als müsste er sich gleich übergeben, umschwang Charlie mit beiden Flügeln fest seinen Bauch und würgte gepresst hervor: »Du lieber Himmel! Welch genialer Geist hat diese fantastische Idee ausgebrütet, dass ein paar Geheimnisse aus *mir* eine bessere Führungskraft machen? Ist das die Quelle der Erleuchtung, in der du da herumschwimmst?«

»Nein, Charlie«, prustete Oskar lachend, »ich spreche aus Erfahrung. Auch mir wurde erst klar, wie wichtig diese Geheimnisse sind, als ich sie selbst erfahren habe. Ich habe sie von Freunden gelernt – Freunde, die außerhalb meines Wasserbeckens leben. Weißt du«, fuhr Oskar fort, »ich habe mich als Chef früher genauso aufgeplustert wie du. In Ausnahmefällen tue ich das wohl auch heute noch, schätze ich, aber früher hatte ich in meinem Wasserbecken fast dieselben Probleme, wie du sie heute in deiner Kolonie hast. Seitdem ich mir die drei Geheimnisse zu Herzen genommen habe, hat sich mein Führungsstil hier im Becken radikal verbessert.«

Charlie war noch immer skeptisch, doch seine Neugier war größer. »Und was sind nun deine drei Geheimnisse, Schildkröte?«, platzte es aus ihm heraus.

»Es sind ganz einfach Dinge, die du – und nicht nur du, sondern jeder – als Führungskraft tun musst. Und der einzige Grund, warum du sie bisher vernachlässigt hast, ist, dass du nichts davon gewusst hast.«

Jetzt hatte Oskar Charlies ungeteilte Aufmerksamkeit.

»Das erste Geheimnis besteht darin, jedem Mitglied deiner Kolonie klar zu machen, was du überhaupt von ihm erwartest. Das zweite besteht darin, einen Kommunikationsstil zu entwickeln, der sicherstellt, dass deine Botschaften ankommen. Und das letzte ist mein persönliches Lieblingsgeheimnis, obwohl ich mich damit am schwersten getan habe: immer die Leistungen im Blick behalten. Du brauchst nichts weiter zu tun, als dir diese drei Grundsätze anzueignen, Charlie, der Rest ergibt sich ganz von selbst.« In seiner Begeisterung hatte sich Oskar zu einer für ihn ungewöhnlich langen Rede hinreißen lassen und blickte nun erwartungsvoll zu Charlie auf – der ihn ausdruckslos anstarrte.

Charlie räusperte sich und seine Augen blitzten böse auf. »Na das sind ja nette intellektuelle Spielchen, mit denen du dir in deinem kleinen Reich die Zeit vertreibst, aber jetzt will ich dir mal was sagen: In der echten Welt da draußen würdest du damit jämmerlich untergehen. In der echten Welt da draußen müssen wir ums Überleben kämpfen. Wir können es uns nicht leisten, den ganzen Tag herumzuplanschen und wirre Theorien aufzustellen, weil zu uns kein Parkangestellter kommt und uns das Futter in den Rachen wirft.« Wütend hüpfte Charlie aus dem Wasser und lief aufgebracht am Beckenrand auf und ab. »Ich gehe jetzt«, schnaubte er. »Ich fasse es nicht, wie viel kostbare Zeit mich dieser Unsinn schon gekostet hat!«

Wie um ihn aufzuhalten, legte Oskar eine Flosse vor Charlies Fuß. »In Ordnung, Charlie, aber bevor du gehst, möchte ich dir noch eine Frage stellen«, sagte er ruhig.

Charlie stemmte die Flügelspitzen in die Hüften, platschte ungeduldig mit dem Fuß auf den Boden und wartete auf Oskars Frage.

»Wärst du bereit, dich auf die drei Geheimnisse erfolgreicher Führung einzulassen, wenn ich dir beweisen kann, dass sie auch in deiner Welt da draußen funktionieren?«

Charlie dachte angestrengt nach. Mangels weiterer Optionen blieb ihm ja kaum etwas anderes übrig. Allerdings bezweifelte er stark, dass die alte Schildkröte auch nur ansatzweise verstand, wovon sie da redete.

»Was hast du schon zu verlieren?«, fragte Oskar.

Charlie legte die Flügel wieder an und stellte sein nervöses Fußklopfen ein. »Also gut. Wenn du mir das beweisen kannst, dann versuche ich es einmal mit einem deiner Geheimnisse. Ich hoffe nur, es stellt sich nicht als Zeitverschwendung heraus! Die Kolonie verlässt sich auf mich, und ich will sie nicht enttäuschen.«

»Großartig! Du wirst es nicht bereuen. Ich will, dass du dich morgen früh mit einer Freundin von mir unterhältst. Sie

Eine Zufallsbegegnung

kann dir sagen, wie das erste der drei Geheimnisse im wirklichen Leben funktioniert. Und wenn du es dann willst, kann sie dir auch beibringen, wie du es nutzen kannst«, sagte Oskar.

»Wer ist deine Freundin, und wo soll ich mich mit ihr treffen?«, erkundigte sich Charlie.

»Sie heißt Imata. Sie ist eine Seeotterdame und lebt im Ottergehege.«

»Ein Seeotter? Das kann doch nicht dein Ernst sein!«, krächzte Charlie beunruhigt, hielt dann jedoch inne, als ihm bewusst wurde, dass es nicht die bevorstehende Begegnung mit einem Seeotter war, die ihn nervös machte, sondern etwas ganz anderes. »Mal ehrlich, Schildkröte, was bezweckst du eigentlich damit, mir diese Geheimnisse erfolgreicher Führung beizubringen? Was kümmert es dich, ob ich mich ändere oder nicht?«, fragte er schroff.

Die alte Schildkröte dachte lange über ihre Antwort nach und sagte dann: »Ich habe wohl verschiedene Gründe. Zum einen sorgst du mit deiner Kolonie für jede Menge Unterhaltung. Wenn man es gewohnt war, sich frei im Meer zu bewegen, kann es ziemlich langweilig werden, in diesem kleinen Becken ständig im Kreis herumzuschwimmen, wie du dir sicherlich vorstellen kannst. Euch bei euren Sturzflugmanövern zuzuschauen, mit denen ihr den Menschen das Futter klaut, ist für uns eine willkommene und höchst unterhaltsame Abwechslung. Wir würden euch ganz schrecklich vermissen.«

»Und zum anderen?«, fragte Charlie grinsend.

»Ich würde mich freuen, wenn ich dir helfen kann, Charlie. Nachdem ich jetzt endlich die Gelegenheit hatte, dich ein bisschen näher kennenzulernen, glaube ich, dass du ein prima

Kerl bist. Und du hast gerade einen wirklich schweren Stand in deiner Kolonie. Ich bin aufrichtig davon überzeugt, dass du mithilfe der drei Geheimnisse das Vertrauen und den Respekt deiner Möwen zurückgewinnst – und zwar *auf Dauer*.«

Charlie schwieg.

»Du wirst mir einfach vertrauen müssen, Kumpel – anderenfalls kann ich nichts für dich tun«, meinte Oskar. »Flieg einfach gleich morgen früh zum Ottergehege, dann wirst du schon verstehen, was ich meine. Imata wird dich erwarten.« Und mit diesen Worten verabschiedete sich Oskar und tauchte im trüben Wasser ab, um Charlie die Entscheidung über seine Zukunft alleine treffen zu lassen.

3
Exakt definierte Erwartungen

Bei Sonnenaufgang machte sich Charlie auf den Weg zum Ottergehege. Die kühle Brise, in der er dahinsegelte, erfrischte seinen Geist und war eine wahre Wohltat für seine schmerzenden Muskeln. Der Stress und der Schlafmangel der letzten Wochen hatten ihm schwer zu schaffen gemacht, doch jetzt war Charlie wild entschlossen zu retten, was zu retten war – selbst wenn dies bedeutete, dem Rat einer Schildkröte zu folgen.

Charlie wusste nicht so recht, warum Oskar darauf bestanden hatte, dass er sich mit den Seeottern unterhalten sollte. Er landete auf einem der Felsenbrocken, die das Wasserbecken der Otter umgaben, und sah sich um. Ein paar Seeotter dümpelten gemütlich auf dem Rücken liegend im Wasser herum und schienen noch zu schlafen.

Na toll, dachte sich Charlie. *Oskar hat mich hierher geschickt, damit ich mir schlafende Seeotter anschaue. Das ist ja jetzt wirklich eine große Hilfe.*

Charlie fiel auf, dass zwei Otter – ein großer und ein kleiner – dicht nebeneinander im Wasser trieben.

Gerade kletterte der kleine Otter auf den Bauch des großen Otters – offensichtlich seine Mutter –, streckte sich genüsslich

Das Möwen-Prinzip

und legte sich hin, um ein Nickerchen zu halten. Als die Seeottermama schläfrig ein Augenlid hob, erblickte sie Charlie und winkte ihn freundlich lächelnd zu sich herüber. Mit ein paar Flügelschlägen landete Charlie auf dem nächstgelegenen Felsen.

»Du musst Charlie sein«, begrüßte ihn die Seeotterdame herzlich. »Oskar hat deinen Besuch angekündigt. Ich bin Imata, und ich freue mich, dich kennen zu lernen.«

Charlies Begrüßung fiel deutlich weniger herzlich aus. »Guten Morgen. Wer ist diese Klette?«, wollte er wissen.

»Der da?« Imata lächelte und strich liebevoll über die pelzige Schnauze des Kleinen. »Das ist Acha, mein Sohn.«

»Und er darf sich einfach so an dir festklammern?«, fragte Charlie.

»Aber natürlich«, entgegnete Imata verwundert. »Wieso sollte er das nicht dürfen?«

»Na ja, er ist doch kein Küken mehr. Ich finde, du hättest ihn schon längst aus dem Nest schubsen sollen.«

»Ah, jetzt wird mir klar, was du meinst. Nein, bei uns läuft das anders. Ich kümmere mich gut sechs Monate um meine Kleinen, bevor sie mich verlassen.«

»Bei allen Seeteufeln, übertreibst du es nicht ein wenig mit deiner Mutterliebe?«

»Nein, Charlie. Nur so kann ich sicherstellen, dass mein Kleiner genau weiß, was er zu tun hat, wenn er später einmal auf sich allein gestellt sein wird. Das Seeotterleben ist nicht so einfach, wie du es dir wahrscheinlich vorstellst. Wir müssen unseren Pelz ständig und auf die richtige Weise pflegen, damit er uns auch wirklich warm und trocken hält. Wir müssen uns vor Killerwalen und weißen Haien in Acht nehmen. Und du glaubst ja wohl nicht, dass es ein Kinderspiel ist, auf dem Meeresgrund nach einem Seeigel zu tauchen, geschweige denn, ihn auf dem Rücken im Wasser liegend aufzubrechen und zu verspeisen.«

»Mag sein«, gab Charlie zu, bevor er konterte, »aber aus dem Kleinen könntest du in sechs Monaten genauso gut einen Delfin, einen Pinguin *und* einen Seeotter machen.«

»Mag auch sein, Charlie«, entgegnete Imata lächelnd. »Aber darum geht es mir nicht. In sechs Monaten könnte ich vermutlich alles mögliche aus ihm machen, aber mir reicht es völlig, wenn aus ihm ein Seeotter wird, der seine Fähigkeiten geschickt einzusetzen weiß.«

»Aber warum nimmst du dir dafür so lange Zeit?«

»Weil es erfahrungsgemäß einen gewaltigen Unterschied macht, ob du jemandem nur sagst oder eventuell auch zeigst, was du von ihm erwartest, oder ob du es ihm beibringst, indem du es mit ihm übst und dich vergewisserst, dass er wirklich versteht, worauf es in Zukunft ankommt.«

Imata entging nicht, dass ihr Charlie immer interessierter gelauscht hatte, und beschloss, ihn nun sozusagen am Kragen zu packen. »Und genau aus diesem Grund bist du hier. Um zu lernen, den Möwen in deiner Kolonie eindeutig klar zu machen, was du von ihnen erwartest.«

Charlie verzog verächtlich den Schnabel. »Unsinn, das ist komplett überflüssig. Meine Möwen wissen doch, was sie zu tun haben: Futter auftreiben und vertilgen. Fertig.«

»Womit wir beim Kern des Problems wären. Mit derart vagen Zielsetzungen kannst du nichts und niemanden führen.

Deiner Kolonie zu sagen, sie solle ›Futter auftreiben und vertilgen‹, zeugt absolut nicht von Führungsstärke.«

»Nicht?«

»Nein, wirklich nicht.«

Charlie wurde flau im Magen. Und das, obwohl er überhaupt nicht hungrig war. Er fühlte sich gar nicht gut.

»Führungsstärke zu beweisen, bedeutet, Ergebnisse zu erzielen, indem man alle zur Verfügung stehenden Ressourcen nutzt. Wenn du nicht jeder einzelnen Möwe deiner Kolonie unmissverständlich klar machst, was du von ihr erwartest, wirst du nie gute Ergebnisse erzielen. Du ziehst sie herunter, anstatt sie zu beflügeln.«

»Ist Futter auftreiben denn keine klare Ansage?«, fragte Charlie. »Ich *erwarte* von allen, dass sie Futter auftreiben.«

»*Nein*«, widersprach Imata und äffte Charlies Tonfall nach. »Futter ist das Ergebnis.«

»Der Unterschied ist mir schleierhaft.«

»Anhand der Erwartungen wird klar, auf welche Art und Weise deine Möwen Futter heranschaffen sollen. Betrachte es einmal so: Du erwartest doch nicht, dass jeder Versuch, Futter zu beschaffen, von Erfolg gekrönt ist, oder?«

»Nein, das wäre unfair«, bestätigte Charlie.

»Aber dass deine Möwen jede Chance, sich Futter zu beschaffen, nutzen, erwartest du schon, oder?

»Definitiv.«

»Na also. Konkret heißt das: Du erwartest, dass sich alle engagiert darum bemühen, Futter zu beschaffen. Und warum erwartest du ...«

»Weil das ihr Job ist«, fiel Charlie ein.

»Genau. Und nun sag mir eins: Hast du deinen Möwen jemals gezeigt, wie sie dabei am besten vorgehen sollen?«, fragte Imata ohne den leisesten Hauch von Ironie in der Stimme.

»Also bitte, wir sind Möwen! Wenn wir was können, dann ist es Futtern! Das ist ja zum Kreischen«, gab Charlie zurück, der mittlerweile auf dem Felsen auf und ab lief, wie immer, wenn er aufgeregt war.

»Ach *tatsächlich*? Und warum leiden deine Möwen dann Hunger?«, bohrte Imata nach.

Ruckartig blieb Charlie stehen. Darauf fiel ihm keine passende Antwort ein.

»Ach komm schon, Charlie, du bist nicht der Einzige, der nicht als geborene Führungskraft auf die Welt gekommen ist. Da haben so manche noch etwas zu lernen. Aber ich will, dass du verstehst, was ich dir begreiflich machen will, und ich werde nicht zulassen, dass du dich in Ausreden flüchtest.«

Charlie starrte Imata wie versteinert an, gab ihr jedoch mit einem kaum wahrnehmbaren Kopfnicken zu verstehen, dass er bereit war, ihr zuzuhören.

»Wenn du einem neuen Mitglied deiner Kolonie – oder einem langjährigen Mitglied, das eine neue Funktion übernimmt – deine Erwartungen darlegst, wirst du zwangsläufig auch immer einige Dinge ansprechen, die die Möwe bereits weiß. Das ist völlig in Ordnung. Wenn sich herausstellt, dass die Möwe weiß, wie eine bestimmte Aufgabe zu erledigen ist, brauchst du es ihr nicht beizubringen und gehst einfach zum nächsten Punkt über. Glaub mir, bei der Klärung deiner Erwartungen geht es keineswegs darum, den Lehrmeister zu spielen...« Imata, die bemerkt hatte, dass sie in ihre ottertypi-

Exakt definierte Erwartungen

sche Redegeschwindigkeit verfallen war, hielt inne, um festzustellen, ob Charlie ihr folgen konnte. Er konnte. Und er lächelte sogar ein bisschen. *Kluger Vogel*, dachte sie sich und fuhr fort:

»Es geht nicht darum, den Lehrmeister zu spielen, sondern einzig und allein darum, sicherzustellen, dass die Möwe versteht – und zwar klipp und klar –, was du von ihr erwartest. Der Teufel steckt im Detail. Wenn du dir die Mühe machst, ins Detail zu gehen und die vielen wichtigen Kleinigkeiten zu berücksichtigen – kläre mit der Möwe genau ab, welche Aufgaben im Arbeitsalltag anfallen –, steuerst du auf Erfolgskurs. Kläre mit jeder Möwe in deiner Kolonie exakt ab, was du dir von ihr erwartest. Das kostet dich zwar Zeit, aber die Investition lohnt sich. Ich garantiere dir, dass es der gesamten Kolonie Auftrieb geben wird.«

»Was du sagst, leuchtet mir absolut ein. Aber mir läuft die Zeit davon. Wie stelle ich es jetzt am besten an, meine Erwartungen mit der Kolonie zu klären?«, fragte Charlie.

Imata freute sich, dass Charlie seine Sprache wiedergefunden hatte. »Überlege dir, mit welcher Möwe du anfangen willst. Am besten mit derjenigen, die am meisten Unterstützung benötigt«, empfahl sie ihm.

Während Charlie die Möwen seiner Kolonie vor seinem geistigen Auge vorbeiflatterten ließ, um diejenige auszusuchen, die am meisten abgemagert war, half Imata dem kleinen Acha, eine Muschel zu öffnen. »Und? Hast du dich entschieden?«, fragte sie.

»Ja, äh, ich...«, stammelte Charlie. »Augenblick noch, nein, der nicht, die auch nicht... aber der! Ja, Alfred. Definitiv

Alfred. Ich weiß zwar nicht, was sein Problem ist, aber er ist nur noch Haut und Knochen – er sieht aus wie eine zusammengedrückte Plastikflasche.«

»Prima«, kicherte Imata. »Und nun stell dir einmal vor, Alfred wäre in seinem Job *erfolgreich*. Wie sähe er dann aus?«

»Keine Ahnung. Er ist nicht erfolgreich. Deshalb ist er ja so ein Strich in der Landschaft.«

»Sein Job besteht darin, Futter zu finden und es zu vertilgen, richtig?«, erkundigte sich Imata.

»Ja. Und den anderen etwas abzugeben, wenn es gut für ihn läuft«, bestätigte Charlie.

»In Ordnung. Aber konzentrieren wir uns auf den ersten Teil«, fuhr Imata fort. »Erkläre doch einmal, was Alfred machen müsste, um bei der Futterbeschaffung gute Arbeit zu leisten.«

Mit einem stolzen Blick auf seinen eigenen runden Bauch antwortete Charlie: »Ganz einfach. Er müsste es machen wie ich.« Vertraulich beugte er sich zu Imata hinunter, als würde er ihr ein großes Geheimnis offenbaren. »Ich nenne es gerne Charlies Doppel-P-Strategie der Futterbeschaffung«, verkündete Charlie mit einem selbstgefälligen Zwinkern.

Charlies geschundenes Ego hatte bitter etwas Balsam nötig. Im Schlemmerparadies Leckerbissen aufzutreiben, war Charlies Spezialität, und er brannte darauf, Imata von seiner Strategie zu erzählen.

»Ich habe einen simplen zweistufigen Prozess mit Erfolgsgarantie entwickelt. Stufe eins ist Patrouillieren.«

»*Patrouillieren…*«, wiederholte Imata ironisch. »Wie originell.«

Exakt definierte Erwartungen

Charlie, der nun auch endlich einmal einen Vortrag halten durfte, ging so in seiner Dozentenrolle auf, dass er den Spott noch nicht einmal wahrnahm. »Im Schlemmerparadies zu patrouillieren stellt den Weg des geringsten Widerstands dar. Es ist immer wieder erstaunlich, wie viele Leckerbissen man dabei entdeckt. Essensreste auf den Tischen und in den Abfalleimern, überall liegt etwas herum. Und manche Menschen füttern mich sogar, wenn ich die Tische absuche.«

»Vielleicht finden sie dich ja putzig«, meinte Imata grinsend. »Und wofür steht das zweite P?«

»Wenn ich beim Patrouillieren nicht genug Futter auftreibe, gehe ich zum Plündern über. Das ist natürlich schwieriger, aber wenn man aggressiv genug vorgeht, klappt es ganz gut.«

»Plündern?«

»Genau. Einem Menschen im Sturzflug den Donut aus der Hand reißen, ein kleines Kind so erschrecken, dass es schreiend davon läuft und sein Pizzastück liegen lässt... Hey, mit meiner Sturzflugtechnik klaue ich einem Menschen den Hotdog aus dem Brötchen und bin wieder weg, bevor der *Homo sapiens* überhaupt kapiert, was passiert ist. Plündern ist eine anstrengende Arbeit, aber ich kann davon gut leben, wenn ich beim Patrouillieren nichts finde.«

Ganz schön schräger Vogel, dachte Imata belustigt. *Wo Oskar den bloß aufgetrieben hat.*

»Deine Speisekarte scheint ja ganz schön abwechslungsreich zu sein, Charlie! Aber Spaß beiseite: Du hast dir da etwas Großartiges ausgedacht, was deiner ganzen Kolonie enorm helfen kann.«

»Wirklich?«, fragte Charlie mit großen, leuchtenden Augen. Er hatte schon fast vergessen, wie gut es sich anfühlte, gelobt zu werden.

»Zweifellos. Du hast nach Priorität geordnete Erwartungen, mit denen du sicherstellst, dass jede einzelne deiner Möwen die gewünschten Ergebnisse erzielt. Wie vielen Mitgliedern deiner Kolonie hast du die Doppel-P-Strategie erklärt?«, fragte Imata.

»Äh, mal überlegen...« Konzentriert fixierte Charlie einen Punkt in der Ferne und verzog leicht den Schnabel. »Da wären Maya, Yufan und, hm, äh...« Nervös warf Charlie einen kurzen Blick zu Imata, deren erwartungsvolle Miene ihm sagte, dass sie auf weitere Namen wartete.

Schnell wandte Charlie den Blick wieder ab und gab stirnrunzelnd zu: »Nur diesen beiden.«

»Und wie viele Möwen würden deiner Einschätzung nach von Charlies Doppel-P-Strategie der Futterbeschaffung profitieren, wenn du sie ihnen beibringen würdest?«

»Alle!«, gab Charlie grinsend zur Antwort. »Sogar die beiden, die sie schon kennen – Maya und Yufan –, hätten sicherlich nichts dagegen, die Strategie noch ein bisschen zu verfeinern.«

»Da bin ich ganz deiner Meinung, Charlie. Ich bin mir absolut sicher, dass jede einzelne Möwe deiner Kolonie großartige Arbeit leisten wird, wenn du dir nur die Zeit nimmst, ihr deine Erwartungen zu erklären. Damit gibst du jeder Möwe die Chance, erfolgreich zu sein. Es ist ziemlich schwierig, keinen Erfolg zu haben, wenn man genau weiß, was man zu tun hat und wie man dabei vorzugehen hat.«

Exakt definierte Erwartungen

»Und deshalb sind exakt definierte Erwartungen so ...« Nachdenklich kratzte sich Charlie am Schnabel und sagte mit erhobenem Flügel zu Imata: »Augenblick bitte, ja? Ich bin gleich wieder da.«

»Klar«, meinte sie.

Charlie stieß sich vom Felsen ab und flog davon, um nach einem Stück Papier Ausschau zu halten. Er erspähte eine Serviette, die vom Wind umhergewirbelt wurde. Geschickt fing er sie mit dem Schnabel und ließ sich kurz darauf wieder auf dem Felsen neben Imata nieder. Dann wühlte er in seinen Brustfedern nach dem Bleistiftstummel, den er immer bei sich trug, breitete die Serviette auf dem Felsen aus und schrieb sich hektisch kritzelnd etwas auf, damit er es nicht wieder vergaß:

> BEVOR DU MIT ERGEBNISSEN RECHNEN KANNST, MUSST DU ERST GANZ GENAU ERKLÄREN, WAS DU ÜBERHAUPT ERWARTEST.

Imata beobachtete Charlie so fasziniert, dass sie nicht bemerkte, wie ihr mittlerweile zum Spielen aufgelegtes Söhnchen auf ihren Kopf zurobbte und ihn plötzlich unter Wasser tauchte. Sie tauchte wieder auf, schüttelte den Kopf wie ein nasser Hund und machte es sich erneut auf dem Rücken gemütlich. Sie sah gerade noch, wie Charlie den Bleistiftstummel zusammen mit seinem Merkzettel wieder in den Brustfedern verstaute.

»Du hast einen *Bleistift* da drinnen?«

»Klar. Du würdest staunen, was da alles hineinpasst!«

Imata konnte sich gut vorstellen, dass Charlie in den Tiefen seines Federkleids noch jede Menge seltsame Dinge verstaut hatte, doch so genau wollte sie das überhaupt nicht wissen. Zum Glück bestand Charlie nicht darauf, sie ihr zu zeigen, sondern wechselte das Thema.

»Ich habe immer einen Stift dabei, damit ich mir Merkzettel machen kann. Wenn ich mir etwas auf einem Merkzettel notiere, kann ich es gar nicht vergessen, weil mich der Zettel ganz bestimmt irgendwann stört. Und dann schaue ich nach, was mich da piekst, und voilà, schon lese ich nach, was ich mir unbedingt merken wollte.«

»Gar keine schlechte Idee«, lobte Imata.

Der kleine Acha hatte seine Mama währenddessen fortwährend geneckt. Zu dieser fortgeschrittenen Morgenstunde standen normalerweise allerlei interessante Aktivitäten auf seinem Stundenplan: Fellpflege, Tauchübungen, Krebse und andere Krustentiere jagen und aufknacken.

Ungeduldig hüpfte er schließlich von Imatas Bauch ins Wasser. Diese plötzliche »Flucht« weckte Charlies Interesse.

»Imata?«, fragte Charlie, der den kleinen Seeotter nicht aus den Augen ließ.

»Ja, Charlie?«

»Was machst du eigentlich, wenn er noch größer wird? Für so ein kleines Kerlchen ist er schon ganz schön proper. Du kannst ihn doch nicht ewig mit dir herumschleppen.«

Exakt definierte Erwartungen

»Nein, und er ist auch jetzt bereits groß genug, dass er nicht mehr den ganzen Tag auf meinem Bauch liegen darf. Er weiß genau, dass ich von ihm erwarte, selbstständig das Schwimmen und Tauchen zu üben. Ich muss ihn inzwischen nicht einmal mehr dazu auffordern, er macht es von sich aus.«

»Das ist ja toll«, sagte Charlie erfreut. Es erleichterte ihn ungemein, dass er nicht den Rest seines Arbeitslebens damit würde verbringen müssen, seine Möwen anzuleiten und zu motivieren. »Aber was passiert, wenn er alt genug ist, um für sich selbst zu sorgen? Du kannst ihn doch nicht einfach ins kalte Wasser schmeißen, oder?«

»Nein, ich setze ihn nicht mutterseelenallein irgendwo in der Wildnis aus, wenn es das ist, was du wissen willst. Jedes Seeotterbaby weiß von klein auf, dass es Schritt für Schritt zu dem Ziel hingeführt wird, selbst für sich zu sorgen. Und wenn Achas großer Tag gekommen ist, wird er darauf brennen, sich zu bewähren. Er wird mehr als bereit dazu sein – das waren sie alle«, gluckste Imata. Gerade war Acha mit einer Muschel zwischen den Pfoten und einem breiten Grinsen im Gesicht wieder aufgetaucht.

»Aber woher *weiß* man, ab wann sie alleine zurechtkommen?«, wollte Charlie wissen.

»Man muss sich einfach nach und nach immer mehr zurückziehen. Nicht unbedingt im wörtlichen Sinn, sondern vor allem im übertragenen. Das heißt, man muss sich heraushalten und ihnen immer häufiger die Chance geben, ihre Aufgaben selbstständig zu bewältigen. Lass sie aus ihren Fehlern lernen«, fuhr Imata fort. »Wenn du immer in der Nähe bleibst, ihre Fortschritte beobachtest, den Prozess steuerst und gelegentlich ein paar Tipps gibst, weißt du genau, ab wann sie in der Lage sind, ohne dich zurechtzukommen.«

Imata unterbrach sich kurz, um Acha beim Aufknacken der Muschel zu helfen, und fuhr dann fort: »Acha ist das beste Beispiel dafür. Bald ist er alt und stark genug, um ohne meine Hilfe schwimmen und sich auf dem Rücken treiben lassen zu können. Wenn es soweit ist, darf er sich nicht mehr auf meinem Bauch ausruhen. Aber bis er vollständig ausgewachsen ist, werde ich ihn trotzdem immer schön in Reichweite behalten.«

»Was machen wir dann, Mami?«, fragte der kleine Seeotter mit piepsigem Stimmchen.

»Bald bist du stark genug, dass du so wie Mami alleine schwimmen und auf dem Rücken liegen kannst, mein Schatz. Dann lassen wir uns nebeneinander auf dem Wasser treiben, und ich halte deine Pfote, damit die Strömung dich nicht forttreibt. So bleiben wir zusammen, während du üben kannst, ruhig im Wasser zu liegen.«

»Das ist sicher ein Bild für die Götter, wie ihr beide pfötchenhaltend auf den Wellen treibt!«, bemerkte Charlie lächelnd.

»Ja, auf alle Fälle. Allerdings geht diese Phase ziemlich schnell vorüber. Sobald ein Junges das erst einmal kann, ist es *so gut wie* selbstständig«, entgegnete Imata und lächelte ebenfalls. Sie ließ Charlie ein paar Augenblicke Zeit, um zu begreifen, was sie mit ihrer letzten Bemerkung angedeutet hatte.

»Kürzlich unterhielten sich die Tierpfleger über einen Parkbesucher, der mich mit meinem vorherigen Jungen beim Pföt-

Exakt definierte Erwartungen

chenhalten gefilmt und das Video auf etwas, das *YouTube* oder so ähnlich heißt, gezeigt hat. Ich habe gehört, dass über eine Million Menschen das Video angesehen hat.«

»Ist schon komisch, worüber sich Menschen amüsieren können«, meinte Charlie kopfschüttelnd.

»Das denke ich mir auch oft.«

»Vermutlich muss man sich einfach abgewöhnen, alles bis ins Detail kontrollieren zu wollen«, überlegte Charlie. »Irgendwann kommt der Zeitpunkt, an dem man sie in Ruhe ihre Arbeit erledigen lassen muss.«

»Wer hätte gedacht, dass ein so guter Chef in dir steckt?«, zog ihn Imata augenzwinkernd auf. »Und nachdem du jetzt weißt, was von dir als Chefmöwe erwartet wird, gibt es nur noch eine Sache, die du tun musst, damit deine Möwen ebenfalls genau wissen, was von ihnen erwartet wird.«

»Und das wäre?«, fragte Charlie wissbegierig.

»Schwing dich jetzt auf und fang damit an!«, sagte Imata, während sie mit Acha im Schlepptau davon schwamm. »Du schaffst das, Charlie!«, rief sie ihm gut gelaunt über das Wasser zu und streckte dabei aufmunternd ihre kleine Pfote in die Luft. »Nur Mut! Tue es einfach!« Mit diesen Worten sah Charlie die Seeotterdame in ihre eigene kleine Welt entschwinden. Die Zeit des Redens und Überlegens war vorbei – jetzt war es an der Zeit, die Angelegenheit anzupacken.

Wieder auf Posten

Als Charlie zu dem Ruhefelsen seiner Kolonie zurückkehrte, versammelten sich die Möwen gerade zur Mittagspause. Auch Scott war unter ihnen, völlig erschöpft von dem langen Rückflug vom Saltonsee. Kurz vor dem Ende der Ruhestunde ließ sich Scott neben Charlie nieder. »Hallo Charlie!«, sagte er müde lächelnd.

»Hey Scott! Wie war der Flug?«, erkundigte sich Charlie.

»Laaang.«

»Ja, das ist eine ziemliche Strecke«, sagte Charlie, bevor er sich Scott zuwandte und ihm fest in die Augen blickte. »Hör mal, es tut mir wirklich leid, was dir passiert ist. Ich finde, es war ganz schön gemein von den Menschen, dich einzufangen und fortzubringen.«

»Schätze, man lernt eben nie aus«, meinte Scott achselzuckend. »Wo hast du den ganzen Vormittag über gesteckt? Als ich hier ankam, habe ich dich nirgendwo gesehen.«

»Ich, äh, ich hatte ein paar Sachen zu erledigen...«, stammelte Charlie, der im ersten Moment nicht wusste, was er sagen sollte. »Du weißt schon – einige Dinge abklären und so weiter. Man muss sich ja schließlich auf die Veränderungen vorbereiten, die demnächst anstehen.«

»Ja, ich habe es schon gehört. Die Kolonie will wieder an die Küste zurück«, sagte Scott mit gesenktem Blick und scharrte verlegen mit den Füßen. »Charlie, es tut mir wirklich leid, dass es so weit gekommen ist. Eine Zeit lang ging es uns hier echt gut, aber jetzt sind wir am Verhungern. Wir haben einfach keine andere Wahl.«

Exakt definierte Erwartungen

»Ich gebe mir große Mühe, die Fakten zu akzeptieren«, sagte Charlie. »Aber wie ich das sehe, haben wir alle noch immer dasselbe Ziel, oder? Die Futterversorgung sicherstellen?«

Scott nickte.

»Nun gut. Ich werde in der Zeit, die mir noch bleibt, alles in meiner Macht Stehende dafür tun. Wenn ihr hier noch einen Monat ausharren müsst, dann sollt ihr in der Zeit nicht auch noch hungern müssen.«

»Viel Glück, Chef! Jeder von uns wird dir für jeden Brocken, den du zusätzlich auftreiben kannst, dankbar sein.«

Als die Kolonie zur Nachmittagsschicht in das Schlemmerparadies aufbrach, machte sich Charlie an die Arbeit, seine Erwartungen exakt zu definieren. Wie es Imata vorgeschlagen hatte, begann er mit Alfred. Der spindeldürre Alfred, dessen Augen durch die dicken Brillengläser aus Flaschenscherben tellergroß erschienen, erwies sich als stiller und schüchterner, aber dennoch sehr aufmerksamer Zuhörer. Als ihm Charlie die Doppel-P-Strategie der Futterbeschaffung erklärte, saugte er jedes Wort förmlich in sich auf.

»Jetzt weißt du Bescheid, Kumpel. Mehr gibt es dazu nicht zu sagen. Wenn du bereit bist, machen wir jetzt einen kleinen Probelauf, in Ordnung? Nur, damit ich sehe, dass du alles richtig verstanden hast und alleine klar kommst.«

»Hm, okay«, näselte Alfred schrill.

Aufmerksam beobachte Charlie Alfred bei der Ausführung des ersten »P«, dem Patrouillieren. Mit seiner höflichen, stillen Art, mit der Alfred durch das Schlemmerparadies watschelte, eroberte er die Herzen der Gäste im Sturm: Von allen

Seiten wurden ihm Futterhappen zugeworfen. Alfred pickte sie auf und brachte seine Beute zu Charlie.

»Gar nicht übel – clevere Taktik! Und jetzt zeig mir, was du machst, wenn dir niemand etwas abgibt. Auf zum Plündern!«, rief Charlie und versetzte Alfred einen sanften Schubs, mit dem er ihn von ihrem Sitzplatz auf der Mauer wieder ins Schlemmerparadies zurück beförderte.

Alfred nahm seinen Rundgang zwischen den Tischen wieder auf. Er ignorierte die Leckerbissen, die man ihm zuwarf, und hielt stattdessen Ausschau nach einem geeigneten Opfer. Als er eines erspäht hatte, blieb er stehen und beobachtete konzentriert, wie sein Opfer – ein Mann in einem viel zu engen T-Shirt, der offensichtlich gerne auf der Sonnenbank schmorte – an der Eisbude bezahlte. In dem Moment, in dem sich der Schmorbraten mit seinem Eis in der Hand von der Verkaufstheke abwandte, schoss Alfred wie ein Kamikazeflieger auf ihn herab, schnappte sich das Eis und war schnell wie ein geölter Blitz wieder auf der Mauer bei Charlie, der entgeistert auf die Eiswaffel starrte, die Alfred ihm – ganz ohne gekleckert zu haben –, vor die Füße gelegt hatte.

»Nun schaut euch nur mal diesen Teufelskerl an!«, schrie Charlie auf Alfred deutend und blickte sich aufgeregt um. Hatte denn außer ihm niemand Alfreds wundersame Wandlung miterlebt? Egal. Charlie, der noch nie ein Problem damit gehabt hatte, sich selbst zu loben, befand, dass er mit Alfred ganze Arbeit geleistet hatte.

Er trug Alfred auf, alleine weiterzuarbeiten, und verbrachte den Rest des Nachmittags damit, seine Doppel-P-Strategie den anderen Möwen der Kolonie beizubringen. Dabei stellte Char-

Exakt definierte Erwartungen

lie überrascht fest, dass die meisten seiner Möwen die Doppel-P-Strategie bereits mehr oder weniger geschickt umsetzten, auch wenn sich jede ihre eigene Bezeichnung dafür ausgedacht hatte. Doch obwohl sich die Besprechungen daher häufig um bereits bekannte Arbeitsmethoden und Abläufe drehten, konnte fast jede Möwe noch die eine oder andere nützliche Information aus dem unerwarteten Vier-Augen-Gespräch mit dem Chef herausziehen.

Charlie hatte beschlossen, dass er mit dem talentierten, wohlgenährten Scott als Letztem sprechen wollte, da die Klärung seiner Erwartungen an seine Starmöwe sicherlich im Nu erledigt wäre. Als sich die beiden am Freitagabend nach der Schließung des Schlemmerparadieses unterhielten, fand Charlie sich in seiner Einschätzung bestätigt. Scott war nicht nur unschlagbar gut, wenn es galt, Futter zu beschaffen, sondern verstand instinktiv sofort, welche Anforderungen und Erwartungen mit seinem Job einhergingen.

Nach einer Viertelstunde war Charlies Ansicht nach alles geklärt. Er schlug vor, Feierabend zu machen, doch Scott hatte andere Pläne.

»Du, Charlie?«, begann Scott.

»Was gibt's, Kumpel?«

»Ich habe mir etwas überlegt und möchte wissen, was du davon hältst. Je länger unsere Futterkrise anhält, umso klarer wird mir, dass der fehlende Zugriff auf weitere Futterquellen unser größtes Problem ist. Und das lässt sich mit deiner Doppel-P-Strategie nicht lösen, selbst wenn sich jede Möwe strikt an deine Anweisungen hält. Im Schlemmerparadies gibt es einfach nicht genug für uns alle zu erbeuten. Sieh es mal so:

Exakt definierte Erwartungen

Ich bin wirklich gut darin, Futter zu beschaffen. So gut, dass ich mehr auftreibe, als ich selbst brauche, und den Rest mit den anderen teilen kann. Trotzdem sind wir nur ein trauriger Haufen hungriger Mäuler, denen das Futter hinten und vorne nicht reicht.«

»Ich finde es großartig, dass du so erfolgreich bist...«

»Aber genau das ist der Haken: Ich bin so gut in meinem Job, dass ich mich langweile. Ich brauche eine neue Herausforderung«, erklärte Scott. »Hinzu kommt, dass ich nicht das Gefühl habe, gute Arbeit zu leisten, solange die anderen Hunger leiden.«

»Verstehe...« Langsam wurde Charlie klar, dass er sich gründlich getäuscht hatte. Die Erwartungen mit dem Besten seiner Kolonie abzuklären, war weder eine einfache noch eine schnelle Angelegenheit. »Was würdest du denn gerne tun?«

»Na ja, erinnerst du dich noch an meine Idee mit der Nachtschicht, von der ich dir vor einer Weile erzählt habe? Bevor sie mich in die Wüste verfrachtet haben, war ich nachts ein paar Mal unterwegs, um die Lieferzeiten auszukundschaften. Ich bin davon überzeugt, dass wir uns damit eine neue Futterquelle erschließen können.«

»Die Idee an sich ist super, aber was ist, wenn sie nicht funktioniert?«

»Dann prüfe ich andere Alternativen, die uns zusätzliche Futterquellen erschließen. Natürlich nicht als Vollzeitjob«, antworte Scott. »Ich glaube übrigens auch nicht, dass ich meine regulären Aufgaben tagsüber vernachlässigen müsste, wenn ich eine Nachtschicht einlege. Ich brauche lediglich ein bisschen Zeit, um Erkundigungen einzuholen.«

Charlie dachte angestrengt über Scotts Bitte nach. Dass sich eine Möwe wünschte, im Job gefordert und gefördert zu werden, ihre besonderen Begabungen einbringen zu können und sich zu engagieren, konnte er sehr gut verstehen. Vor seinem geistigen Auge sah er Imata, die ihr Junges eigene Wege gehen ließ, und er beschloss, Scotts Plan eine Chance zu geben.

»Also gut, warum probieren wir es nicht einfach aus?«, sagte Charlie zu dem strahlenden Scott und ließ sich von dessen offensichtlicher Begeisterung anstecken. »Dann lass mich meine Erwartungen an dich neu definieren: Da sich vermutlich nicht jede Möglichkeit, der du nachgehst, als praktikable Lösung erweist, erwarte ich nicht von dir, dass uns jede deiner Recherchen eine Futterquelle erschließt. Was ich allerdings von dir erwarte, sind neue, kreative Ansätze zur Versorgung der Kolonie, und dafür steht dir ein Drittel deiner Arbeitszeit zur Verfügung.«

Nachdem ihn sein Chef so vorbehaltlos unterstützte, wagte es Scott, leicht verunsichert nachzufragen: »Und was passiert, wenn sich keine meiner Lösungsideen als praktikabel erweist?«

»Hmmm...« brummte Charlie nachdenklich. So langsam dämmerte ihm, dass die Klärung seiner Erwartungen an die Kolonie noch lange nicht abgeschlossen war. Er nahm sich vor, die Schildkröte später noch einmal um Rat zu fragen.

»Um ehrlich zu sein, ich weiß es nicht«, gab Charlie offen zu, denn Scott hatte eine ehrliche Antwort verdient. »Damit befassen wir uns, wenn es so weit ist, und bis dahin habe ich mir etwas überlegt, versprochen! Vorläufig sollten wir uns

Exakt definierte Erwartungen

darauf konzentrieren, wie wir deinen Plan am schnellsten umsetzen, denn es wollen jede Menge hungrige Mäuler gestopft werden.«

Die folgenden drei Stunden verbrachten die beiden Möwen damit, Scotts neue Rolle innerhalb der Kolonie auszuarbeiten. Charlie brachte Scott alles bei, was seiner Erfahrung nach bei der Nachtschicht zu beachten war. Sie überlegten sich, welche Maßnahmen zu ergreifen wären, wenn bei Scotts Plan Komplikationen auftreten sollten, und vor allem achtete Charlie darauf, seine Erwartungen an Scott in dessen neuer Rolle exakt zu definieren. Charlie dachte sich sogar einen Titel für Scotts neue Position aus, um dem Wechsel seines Zuständigkeitsbereichs auch nach außen hin Ausdruck zu verleihen: Assistent der Kolonieleitung.

Am Ende dieser ungewöhnlich langen und anstrengenden Besprechung waren die zwei Möwen zwar völlig erschöpft, aber auch stolz und glücklich. Die Situation hatte etwas Festliches an sich – sie hatten etwas Neues, Andersartiges angestoßen, und dadurch waren beide ganz aufgekratzt und sie fühlten sich schon viel produktiver.

»Das war ein anstrengender Tag und eine noch anstrengendere Woche, findest du nicht? Komm, lass uns einen draufmachen«, schlug Charlie vor.

»Meinst du wirklich?«, fragte Scott.

»Ja, auf alle Fälle. Los, hol Maya, Yufan und wer sonst noch Lust hat. Wir fliegen zum Parkplatz. Ich weiß, wo einer der Parkmitarbeiter ein Sixpack versteckt hat«, sagte die Chefmöwe augenzwinkernd. »Und was das Draufmachen angeht, stehen ja genug Autos herum!«

»Das hört sich prima an, bin schon unterwegs.«

Als Charlie Scott davonflattern sah, um die anderen zu holen, hatte er zum ersten Mal seit langem wieder das Gefühl, dass ihm sein Job Spaß machte.

> **Exakt definierte Erwartungen**
>
> Lenken Sie die Arbeitskraft Ihrer Mitarbeiter in produktive Bahnen, indem Sie sicherstellen, dass die jeweiligen Aufgaben auf die richtige Art und Weise erledigt werden. Dies bedeutet, jedem Mitarbeiter ausführlich zu erklären, welche Anforderungen an ihn gestellt werden, wie seine Leistungsbeurteilung erfolgt und dass die gemeinsamen Ziele nur durch Engagement und Einsatzbereitschaft aller Beteiligten erreicht werden können. Es macht einen gewaltigen Unterschied, ob Sie einen Mitarbeiter lediglich wissen lassen, was Sie sich von ihm erwarten, oder ob Sie sich vergewissern, dass ihm seine Aufgabenstellung und alle damit verbundenen Tätigkeiten vollkommen klar sind.

4 Botschaften, die ankommen

Charlie hatte sich mit Scott, Maya und Yufan prächtig amüsiert, und so war es schon ziemlich spät, als er sich auf den Heimweg machte. Trotzdem legte er einen kleinen Zwischenstopp an dem Schildkrötenbecken ein, um nachzusehen, ob Oskar noch wach war. Und tatsächlich, Oskar war hellwach und brannte darauf, zu erfahren, wie Charlies »Woche der exakt definierten Erwartungen« verlaufen war.

Trotz der spürbar positiven Effekte bezweifelte Charlie, dass sich das Futterproblem mit der Klärung seiner Erwartungen würde lösen lassen. »Ständig diskutieren und planen wir und setzen uns Ziele, aber letztendlich wollen meine Möwen doch nur eins von mir: Ergebnisse sehen«, berichtete er Oskar. »Meinen Führungsstil zu ändern, ergibt doch nur dann einen Sinn, wenn ich dadurch erreiche, dass sie sich alle satt essen können. Aber in der Hinsicht hat sich noch nichts gebessert.«

»Wirklich gar nichts?«, hakte Oskar nach.

»Na ja, *ein bisschen* schon, aber lange nicht so viel, wie ich gehofft hatte. In einer Woche kann sich eine Möwe eine richtig dicke Wampe anfuttern, aber meine Möwen sind noch immer dürre Klappergestelle. Exakt definierte Erwartungen allein machen nicht satt, das reicht noch nicht.«

»Verstehe«, sagte Oskar gelassen.

Halb um zu berichten, halb laut nachdenkend, fuhr Charlie fort: »Alfred ist das beste Beispiel. Ich dachte immer, er wäre ein total vergeistigter Typ. Er ist so schwächlich, dass ihn ein ordentlich belegtes Brötchen wahrscheinlich zum Absturz bringen würde. Ich habe ihn also unter meine Fittiche genommen und ihm meine besten Futterbeschaffungstechniken beigebracht, und stell dir vor, er ist ein echtes Naturtalent. Ehrlich Oskar, du hättest ihn sehen müssen! Er war einfach großartig, das Futter ist ihm nur so zugeflogen.«

Mit einem Seitenblick auf Oskar stellte Charlie fest, dass die Schildkröte von Alfreds wundersamer Wandlung nicht sonderlich überrascht zu sein schien.

»Auf alle Fälle ist jetzt schon eine Woche vorüber, ohne dass Alfred auch nur ein Gramm zugelegt hat. Ich verstehe das einfach nicht...«, sagte Charlie ratlos.

»Stell dir dein Vorhaben doch einmal als Baustelle vor, auf der du ein Haus für deine Möwen errichten willst, Charlie. Wenn du damit beginnst, musst du dich für eine von zwei möglichen Vorgehensweisen entscheiden: Entweder ebnest du erst einmal den Grund und gießt ein solides Fundament aus Beton, oder du beginnst sofort damit, Steine aufeinander zu legen. Ein solides Fundament zu erschaffen, dauert eine Weile, und am Ende des Arbeitstages hast du nie das Gefühl, sichtbare Fortschritte gemacht zu haben. Trotzdem wird ein Haus, das auf einem soliden Fundament errichtet wird, dem Zahn der Zeit viel besser trotzen.«

»Heißt das, exakt definierte Erwartungen sind nur das Fundament?«, fragte die Chefmöwe.

»Ganz genau. Es ist ganz normal, dass du das Gefühl hast, noch nicht viel geschafft zu haben.«

Die tröstenden Worte der Schildkröte munterten Charlie ein wenig auf. »Dann sollte ich jetzt aber schleunigst mit dem Bauen beginnen! Ich habe nur noch drei Wochen, um das Ding zu schaukeln.«

»Stimmt. Ich möchte, dass du morgen zum Delfinstreichelbecken fliegst. Die Delfine können dir weiterhelfen.«

»Die Delfine? Bist du dir sicher?«, fragte Charlie beunruhigt. »Wir sind, äh, na ja, nicht gerade die besten Freunde, die Delfine und ich.«

»Habe ich dich schon jemals schlecht beraten, Charlie?«

Charlie schüttelte den Kopf.

»Dann vertrau mir auch dieses Mal, und mach dir wegen der Delfine keine Sorgen. Du solltest dich jetzt etwas ausruhen. Du musst morgen sehr früh los, damit du dich um die Angelegenheit kümmern kannst, bevor der Park öffnet.«

»Ich nehme dich beim Wort«, sagte Charlie und richtete dabei seine Flügelspitze wie eine Pistole auf Oskar. Die schlechten Erfahrungen der letzten Zeit hatten ihn misstrauisch werden lassen. Allerdings fühlte er sich nach der anstrengenden Woche tatsächlich sehr müde und sah ein, dass er nun besser schlafen gehen sollte. Zumindest würde die Welt nach einer Mütze voll Schlaf sicherlich schon wieder etwas freundlicher aussehen.

Ein Termin beim Delfin

Die Strahlen der aufgehenden Morgensonne kitzelten Charlie am nächsten Tag aus dem Tiefschlaf. Nachdem er sich mit den Flügeln den Schlaf aus den Augen gerieben hatte, blickte er sich um. Der Himmel war wolkenlos, und trotz der frühen Stunde war es schon warm. Er sollte sich besser sputen, denn an einem so herrlichen Tag war damit zu rechnen, dass Massen von Besuchern in den Park strömten, sobald die Tore geöffnet wurden, und der Termin mit den Delfinen würde schon einiges seiner kostbaren Zeit in Anspruch nehmen. Bevor er sich in die Lüfte schwang, ließ er seinen Blick über die noch schlafenden Möwen wandern. Ausgeruht und im Licht des neuen Tages betrachtet, erschienen sie ihm doch tatsächlich ein kleines bisschen rundlicher auszusehen. Doch klar war auch, dass ihm noch jede Menge Arbeit bevorstand.

Hoch über dem Delfinbecken zog Charlie zögernd einige Kreise. Aus dieser Entfernung sahen die großen Meeressäuger klein wie Ameisen aus, und seine Nervosität nahm zu. Wie die Schildkröten lebten auch die Delfine in einem eingefassten Meerwasserbecken, das aber jeder nur das Streichelbecken nannte, weil die Parkbesucher die Delfine mit dem Fisch, den es extra zu diesem Zweck zu kaufen gab, an den Beckenrand locken konnten, um sie am Kopf oder an der Schnauze zu streicheln. In Anbetracht von Charlies Geschick, im Sturzflug Futter zu rauben, hatte er nur selten der Versuchung widerstehen können, den ahnungslosen Touristen den für die Delfine gedachten Fisch aus der Hand zu schnappen. Das Ganze war ein Kinderspiel, denn sobald sich ein Delfin näherte, achtete

Botschaften, die ankommen

kein Mensch mehr auf eine Möwe. Charlie war davon überzeugt, dass es die Delfine nicht sonderlich spaßig fanden, sich von ihm das Futter vor der Nase wegschnappen zu lassen.

Die Vorstellung, sich mit einem Wesen auseinandersetzen zu müssen, das groß genug war, um ihn zum Frühstück zu verspeisen, machte Charlie Angst. Er wusste zwar, dass Möwen nicht auf dem Speiseplan von Delfinen standen, aber er malte sich dennoch die schrecklichsten Dinge aus, mit denen sich die intelligenten Tiere für seinen Futterklau rächen könnten.

Habe ich dich schon jemals schlecht beraten?, hatte ihn Oskar gestern Abend gefragt. *Nein, das hat er nicht*, sagte sich Charlie wieder und wieder, während er sich aus der sicheren Höhe herunterschraubte und schließlich auf dem Beckenrand landete. Aus nächster Nähe betrachtet, schien das Wasser im Becken ein brodelnder Hexenkessel aus spritzenden Flossen und Atemblasen zu sein, was Charlie als bedrohlich empfand. Instinktiv zog er die Schultern zurück, plusterte die Brustfedern auf und begann, nervös auf dem Beckenrand hin und her zu stolzieren.

Gerade als er am Ende des Beckens eine Kehrtwende machen wollte, tauchte lautlos wie ein U-Boot ein Delfinkopf mit langgezogener Schnauze neben ihm auf. Unbeirrt drehte sich Charlie um und stolzierte in entgegengesetzter Richtung auf dem Beckenrand davon. Der Delfin verfolgte ihn, was Charlie davon überzeugte, dass er Jagd auf ihn machte. Da ein Angriff schließlich die beste Verteidigung war, drehte er sich unvermittelt um und hackte mit der Geschwindigkeit eines Schnellfeuergewehrs nach der Schnauze des Delfins.

Der Delfin wartete einfach ab, bis Charlie erschöpft von ihm abließ und nach Atem rang. »Puh! Interessante Art, neue Freunde zu begrüßen!«, gluckste er amüsiert.

»Oh, äh, ich...«, stammelte Charlie, dem die Worte fehlten.

»Nur die Ruhe, Kumpel, entspann dich. Ich zieh dich nur ein bisschen auf«, entgegnete der Delfin lauthals losprustend. Als er wieder sprechen konnte, sagte er: »Ich bin Hui, und du musst C-Man sein, stimmt's?«

Hui war ein Typ, der Pinguinen Eiswürfel verkaufen könnte, wenn es sein müsste. Manche schrieben diese Begabung seiner umgänglichen und kontaktfreudigen Art zu, doch Hui wusste, dass der Trick dabei war, sich nicht auf sich selbst, sondern auf sein jeweiliges Gegenüber zu konzentrieren. Hui hatte feine Antennen für die Gemütslage anderer Wesen und konnte sich dank seines Einfühlungsvermögens gut auf sein Gegenüber einstellen. Bei Charlie hatte er auf den ersten Blick erkannt, dass er es mit einer sehr niedergeschlagenen Möwe zu tun hatte, die dringend etwas Aufheiterung gebrauchen konnte, und aus diesem Grund spielte er Charlie zuliebe den Spaßvogel.

Der Typ hat sie nicht alle, dachte sich Charlie und sagte: »Mein Name ist Charlie, aber von mir aus kannst du auch C-Man zu mir sagen.«

»Fein, C-Man, freut mich, dass du mal vorbeischaust«, plauderte Hui drauf los. »Wir haben eine ganze Schiffsladung voll zu besprechen.«

Schweigen.

»Was ist los, C-Man? Hat es dir die Sprache verschlagen?«,

Botschaften, die ankommen

fragte Hui, den Charlies hochnäsige Art kalt zu lassen schien.

»Nichts ist los, mir gehen einfach nur so viele Dinge durch den Kopf...« Charlie unterbrach sich und holte tief Luft. »Nein, das ist gelogen.«

Hui blickte ihn verwirrt an.

»In Anbetracht unserer Vorgeschichte fühle ich mich hier einfach nicht wohl.«

Charlie warf einen Blick auf Hui, doch dieser sagte keinen Ton. Die Verwirrung stand ihm deutlich ins Gesicht geschrieben.

»Du hast keine Ahnung, wovon ich rede, oder?«, fragte Charlie ehrlich erstaunt.

»Nö«, gab der Delfin zu. »Bis jetzt noch nicht.«

»Stichwort Fisch?«, fragte Charlie vorsichtig und rechnete damit, dass dem Delfin nun jedem Moment ein Licht aufgehen würde.

»Welcher Fisch?«

»Na du weißt schon... *der* Fisch – *euer* Fisch. Den ich euch immer geklaut habe.«

»Ach so, *der* Fisch...«, begriff Hui endlich. »Zerbrich dir darüber nicht den Kopf, das ist uns doch völlig egal!«

»Heißt das, ihr mögt den Fisch gar nicht, mit dem euch die Menschen füttern?«

»Wo denkst du hin! Wir mögen ihn nicht nur, wir sind verrückt nach diesen leckeren kleinen Viechern!«

»Wie bitte? Und warum nehmt ihr es mir dann nicht übel, dass ich euch die Leckerbissen stibitze?«

»Oh, ganz am Anfang waren wir schon sauer. Ehrlich gesagt, war es ein ganz schöner Schock, als ihr hier aufgetaucht seid. Urplötzlich gab es eine ganze Möwenkolonie, die das Schlemmerparadies unsicher macht und alles vertilgt, was ihr vor den Schnabel kommt. So etwas gab es vorher noch nie«, erklärte Hui und fuhr fort: »Uns wurde schnell klar, dass wir etwas unternehmen mussten. Aber was? Heimlich, still und leise aus unserem Becken springen, zum Schlemmerparadies rutschen und euch auffressen, ging ja wohl nicht, oder?«, meinte Hui und lachte dröhnend. »Daher haben wir uns eine andere Lösung überlegt, um trotz eurer Raubzüge genug Fisch abzubekommen.«

»Ach wirklich? Was denn?«, wollte Charlie wissen.

»Ist dir schon einmal aufgefallen, dass keiner von uns Delfinen lange am Beckenrand bleibt, wenn die Menschen ihn füttern?«

Mit schief gelegtem Kopf musterte Charlie den Delfin aufmerksam. »Ja, darüber habe ich mich schon oft gewundert. Das ergibt für mich keinen Sinn, denn ihr scheint mir alles andere als Kostverächter zu sein.«

»Richtig, C-Man. Aber da wir in unserem Becken sehr viele sind, wechseln wir uns ab, damit jeder zu seiner Mahlzeit kommt. Rotation bei der Fütterung heißt die Devise, deshalb zieht jeder Delfin wieder Leine, sobald er einen Fisch bekommen hat. Und wenn ihr uns mal wieder ein paar Fische weggeschnappt habt, wird die Rotation entsprechend angepasst.«

»Ach, ist es das, was du mir beibringen willst – wie wir uns turnusmäßig abwechseln können?« Auf Charlies Frage brach der Delfin erneut in glucksendes Gelächter aus und prustete der Möwe eine Ladung Wasser über das Gefieder.

Botschaften, die ankommen

»Imata hat mir schon erzählt, dass du ein ulkiges Kerlchen bist«, kicherte Hui.

»Aber wozu bin ich dann sonst hier ...« begann Charlie, während er sich trocken schüttelte. »Moment mal! Woher weißt du, dass ich mich letzte Woche mit Imata unterhalten habe? Von dem Ottergehege bis zu deinem Delfinbecken ist es doch ganz schön weit!«

»Ach C-Man«, seufzte Hui, dem klar wurde, wie viel die Möwe noch zu lernen hatte. »Wir schicken uns Botschaften mithilfe der Tauben.«

»Im Ernst?«

»Absolut. Im Tausch gegen Fisch übermitteln die Tauben unsere Botschaften im ganzen Park.«

»Tauben fressen *Fisch*?«, fragte Charlie entgeistert.

»Tauben fressen *alles*, Kumpel«

»Man lernt doch wirklich nie aus«, rief Charlie verblüfft.

»Es gibt so einiges, was man erfährt, wenn man sich mit anderen austauscht, C-Man. Seit einiger Zeit übermitteln sogar ein paar deiner Möwen Botschaften für uns.«

»Nein, das kann nicht sein. Keiner aus meiner Kolonie würde so etwas tun«, entgegnete Charlie im Brustton der Überzeugung. »Wenn es Möwen aus meiner Kolonie wären, wüsste ich es.«

»Ach, Maya und Yufan gehören nicht mehr zu deiner Kolonie?«, fragte Hui unschuldig. Das Gespräch verlief genau so, wie es der Delfin geplant hatte.

»Maya und Yufan überbringen für euch Nachrichten für *ein bisschen Fisch*?«, kreischte Charlie verächtlich. Er war schockiert und fühlte sich hintergangen.

»Nur nachts, wenn keine Touristen mehr im Park sind, die sie beklauen könnten. Und den Fisch teilen sie mit den anderen Möwen der Kolonie. Sie meinten, es wäre gerade ziemlich schwierig, alle satt zu bekommen, deshalb schieben sie freiwillig ein paar Überstunden«, erklärte Hui.

»Ist ja auch gar keine so schlechte Idee«, gab Charlie widerwillig zu. »Aber warum hat mir denn keiner etwas davon erzählt?«, fragte er kopfschüttelnd.

Charlie verstummte. Eine Weile stand er tief in Gedanken versunken am Beckenrand, um die bizarren Neuigkeiten, die er gerade erst erfahren hatte, zu verdauen.

»Entschuldige, Hui, ich war in Gedanken gerade woanders. Was hat du gesagt?«

»Kein Problem, Charlie, wir sollten nur langsam in die Gänge kommen – in nicht einmal einer Stunde wird der Park geöffnet. Du wirst staunen, was alles dabei herauskommt, wenn du regelmäßig mit deiner Kolonie kommunizierst, habe ich gerade gesagt.«

»Aber das *tue* ich doch. Ich spreche jeden Tag mit den Möwen«, beteuerte Charlie. »Jeden Morgen bei Arbeitsbeginn mache ich die Runde, begrüße alle und reiße ein paar Witze, plaudere ein paar Takte ... so in der Art eben.«

»Sprichst du mit deinen Möwen auch darüber, wie sie mit ihrer Arbeit zurechtkommen?«, erkundigte sich Hui.

»Wie sie mit ihrer Arbeit zurechtkommen ...«, wiederholte Charlie vor sich hin murmelnd. Angestrengt dachte er darüber nach und gab dann schließlich zu: »Nicht oft. Eigentlich viel zu selten. Das ist schwierig.«

»Was macht es denn schwierig?«

Das Möwen-Prinzip

»Zum einen fehlt mir die Zeit dazu. Ich muss mich schließlich um alle kümmern, und je länger ich mich mit Besprechungen aufhalte, umso weniger Zeit bleibt mir für meine anderen Verpflichtungen. Meine Kolonie ist ziemlich groß, weißt du? An manchen Tagen sind es drei, vier, fünf – keine Ahnung, *wie viele* – Möwen, die unbedingt etwas Wichtiges mit mir besprechen wollen. Der Tag ist einfach viel zu kurz, als dass ich die Zeit hätte, mich mit jeder Möwe zu unterhalten.«

»Und zum anderen?«

»Die Besprechungen mit meinen Koloniemitgliedern verlaufen meistens nicht sonderlich produktiv. Jede Möwe hat ihre eigenen Vorstellungen darüber, weshalb wir die eine Sache *so*, die andere Sache *anders* machen sollten. Selbst als es uns noch gut ging und alle mit der Situation zufrieden waren, drehten sich unsere Besprechungen immer nur darum, was wir verändern und verbessern könnten. Ich bin eine Möwe der Tat, und mit derartigen Diskussionen habe ich einfach das Gefühl, auf der Stelle zu treten.«

»Und deshalb lässt du die Kommunikation mit deiner Kolonie schleifen?«, fragte Hui.

»Ja, irgendwie schon ...«

»Na dann ist dir ja wirklich leicht zu helfen, C-Man«, verkündete Hui zuversichtlich.

»Wirklich?« Nun stand der Möwe die Verwirrung ins Gesicht geschrieben.

»Aber *ja* doch. Dein einziges Problem ist, dass du deinen Job bisher missverstanden hast. Schau mal: Du bist eine Führungskraft, und deine einzige und wichtigste Aufgabe ist es, deine Möwen dabei zu unterstützen, hervorragende Leistungen zu erbringen, richtig?«

»Klingt einigermaßen plausibel.«

»Du solltest dich ausschließlich darum bemühen, dass deine Kolonie gute Arbeit leisten kann, und ich verrate dir noch etwas, C-Man. Jeder – egal, ob Möwe, Delfin oder einer der Menschen, die vor dem Tor schon darauf warten, dass der Park öffnet – ist auf seinen direkten Vorgesetzten angewiesen. Jeder braucht die Unterstützung und Anleitung seines Vorgesetzten, und jeder muss bereit sein, sich den Anweisungen seines Vorgesetzten zu fügen. Und wem sollte man denn sonst Vorschläge unterbreiten, wenn nicht dem eigenen Chef?«

»Da hast du schon Recht, Hui. Ich bezweifle nur, dass die Menschen es verdienen, dass du sie in einem Atemzug mit uns erwähnst«, meinte Charlie mit einem boshaften Grinsen.

»Nun sei doch nicht so«, lachte Hui. »Dass wir sie darauf abgerichtet haben, Geld dafür zu bezahlen, um uns füttern zu dürfen, heißt doch noch lange nicht, dass sie nicht ähnlich denken und fühlen wie wir.«

In stiller Eintracht beobachteten die beiden für einige Augenblicke einen Parkangestellten, der mit dem Wasserschlauch die Parkwege säuberte und übermütig einen seiner Kollegen nass spritzte.

»Wenn du möchtest, dass deine Kolonie erfolgreich ist, musst du kontinuierlich mit allen Möwen kommunizieren. Du bist das Bindeglied, dass die Kolonie zusammenhält, und du erreichst nichts Positives damit, wenn du deinen Schnabel nicht aufmachst.«

»Sekunde bitte, ja?«, unterbrach Charlie den Delfin und

kramte den Bleistiftstummel aus seinen Brustfedern heraus. Geduldig wartete Hui, bis Charlie sich notiert hatte:

> **WENN DU NICHT STÄNDIG MIT ALLEN IN VERBINDUNG BLEIBST, ERLEDIGST DU DEINEN JOB <u>NICHT</u> ORDENTLICH!**

»Botschaften kommen nur an, C-Man, wenn sie kontinuierlich vermittelt werden. Und das, mein gefiederter Freund, hast du bislang versäumt. Du kommunizierst mit deiner Kolonie nicht ausreichend genug, weil dir deine eigene Funktion und Rolle nicht klar ist.«

»Anscheinend nicht.«

»Anstatt der Kommunikation mit deinem Team oberste Priorität einzuräumen, bist du Tag für Tag damit beschäftigt, deine To-do-Liste der Nebensächlichkeiten abzuarbeiten«, fuhr Hui fort. »Dein Job frisst dich auf, weil du vor ihm davonläufst. Du kommst mir vor wie ein Gärtner, der sich darüber aufregt, dass das verdammte Gras immer höher wuchert.«

»Hm, so habe ich das noch nie gesehen…«, sagte Charlie grübelnd.

»Nach deiner Unterhaltung mit Imata hast du doch deine

Botschaften, die ankommen

Erwartungen mit der Kolonie geklärt, nicht wahr?«, frage Hui.

»Ja, hab ich.«

»Und hattest du anschließend nicht auch den Eindruck, dass mit der Klärung der Erwartungen noch längst nicht alles getan ist?«

»Und ob ich den hatte! Mir ist auch aufgefallen, dass meine Möwen noch immer recht abgemagert aussehen, exakt definierte Erwartungen hin oder her.«

»Tja, C-Man, mit dieser Erfahrung stehst du nicht alleine da. Du musst jetzt den nächsten Schritt unternehmen und dafür sorgen, dass deine Botschaften ankommen, dann wirst du auch Ergebnisse sehen. Ab jetzt sollte die Kommunikation mit jeder deiner Möwen oberste Priorität für dich haben. Bleibe mit allen in Verbindung, damit du ihre Fortschritte überprüfen und bei Schwierigkeiten helfen kannst. Vermittle allen das Gefühl, dass du hinter ihnen stehst«, erklärte Hui.

»Weil ich ihre Chefmöwe bin und sie genau das am dringendsten von mir brauchen.«

»Jetzt hast du es verstanden, Kumpel!«, rief Hui und blies erfreut eine kleine Wasserfontäne aus. »Hör mal, ich muss jetzt los – gleich werden die ersten Besucher kommen. Ich muss mit den anderen Delfinen hier noch einiges besprechen, wenn wir heute fette Beute machen wollen. Du solltest am besten zu deiner Kolonie zurückfliegen und gleich damit beginnen, mit ihr zu kommunizieren. Denke einfach immer daran, dass du kontinuierlich kommunizieren musst, wenn du willst, dass deine Botschaften auch wirklich ankommen. Und wenn es bei deinen Möwen erst einmal Klick gemacht hat, wirst du zusehen können, wie ihre Bäuche runder und runder werden, C-Man!«

Während Hui sich mit einer eleganten Drehung vom Beckenrand abwandte und davonschwamm, verknotete sich Charlie beinahe den Flügel bei dem Versuch, seinem wellenreitenden Delfinfreund mit einem halbwegs erkennbaren Hang-Loose-Zeichen zum Abschied zu signalisieren, dass schon alles gut werden würde. Tief in seinem Innern war Charlie sich dessen jedoch nicht so sicher.

Auf ein Neues, dachte er, während er sich wieder einmal in Richtung Schlemmerparadies aufmachte, um sich in Kommunikation zu üben.

Botschaften, die ankommen

Zurück im Schlemmerparadies beschloss Charlie, dort anzuknüpfen, womit sein gestriger Arbeitstag geendet hatte: bei Scotts Plan. Er erkundigte sich bei Scott, wie weit die Vorbereitungen für die Nachtschicht gediehen waren, und erfuhr zu seiner Verblüffung, dass Scott und sein Team bereits in der vergangenen Nacht die erste Schicht eingelegt hatten. Die Mission war erfolgreich verlaufen, weshalb die Möwen der Kolonie zur Abwechslung sogar schon vor Arbeitsbeginn in den Genuss eines Frühstücks gekommen waren. Dass sich Scott nur wenige Stunden, nachdem Charlie seinen Plan abgesegnet hatte, sofort ans Werk gemacht hatte, zeigte Charlie mehr als deutlich, wie hungrig die Kolonie war. Sobald Scott berichtet hatte, was es zu berichten gab, machte er sich auf die Suche nach Alfred.

Charlie landete neben einem der Blumenkübel im Schlemmerparadies und entdeckte Alfred, der von Tisch zu Tisch spazierte. Wie schon in der vergangenen Woche zeigten sich die Touristen Alfred gegenüber wieder äußerst freigiebig. Charlie fühlte den überwältigenden Drang in sich aufsteigen, sich Alfred vorzuknöpfen und diesem dürren Kerlchen den Marsch zu blasen, doch je länger er darüber nachdachte, umso mehr gelangte er zu der Einsicht, dass er dem armen Alfred nur jede Menge heiße Luft um die Ohren pusten würde. Ganz offensichtlich hatte Alfred kein Problem, Futter zu beschaffen, war aber nach wie vor nur Haut und Kochen, und das konnte Charlie nun wirklich nicht verstehen. Vor einigen Wochen noch hätte er sich ordentlich aufgeplustert und sich Alfred vorgeknöpft. Jetzt aber wartete die Chefmöwe erst einmal ab und beobachtete ihn.

Für seine Geduld wurde Charlie bald belohnt. Er beobachtete, dass Alfred alle Leckerbissen unter einem Busch versteckte, wo sich bereits einiges angehäuft hatte. Dann flatterte er zu den Tischen zurück, sammelte wieder so viele Futterhappen ein, wie er gerade noch transportieren konnte, und brachte sie in sein Versteck. Dieser Ablauf wiederholte sich, bis die Touristen das Schlemmerparadies verließen, da die Mittagessenszeit vorüber war. Und dann rief Alfred die anderen Möwen herbei, damit sie sich an *seinem* Futter bedienen konnten! Wie die Geier machten sie sich über Alfreds Futtervorräte her, bis auch das letzte Krümelchen aufgepickt war. In weniger als fünf Minuten war alles restlos aufgefuttert, und ob-

Das Möwen-Prinzip

wohl Alfred nicht gerade wenig zusammengetragen hatte, war es angesichts des hohen Futterbedarfs der Kolonie doch nur ein Tropfen auf den heißen Stein gewesen.

Als sich die Möwen nach ihrer Mahlzeit wieder zerstreuten, machte sich Alfred mit einem zufriedenen Lächeln erneut daran, Futter zu bunkern. Charlie hatte sich ausnahmsweise einmal lange genug beherrscht, um den richtigen Moment für ein Gespräch abzupassen.

»Hallo Al, wie geht's?«, begrüßte er Alfred.

»Gut«, antwortete Alfred.

Schlagartig wurde Charlie bewusst, dass er sich nicht erinnern konnte, wann er das letzte Mal Alfreds Stimme gehört hatte. Und er konnte sich schon gar nicht daran erinnern, Alfred schon jemals zuvor etwas gefragt zu haben. »Mir ist aufgefallen, dass du furchtbar mager bist, Alfred, und ich dachte mir, dass ich ja vielleicht etwas für dich tun kann.«

»Okay.«

Etwas ratlos kratzte sich Charlie am Kopf. Bei Scott kamen seine Botschaften eindeutig schneller an. Er räusperte sich und fragte dann: »Kann ich dir bei irgendetwas behilflich sein?«

»Oh ja! Würdest du mir beim Futtersammeln helfen?«

»Äh... sicher, gerne«, seufzte Charlie. Während er mit Alfred – den die Menschen geradezu mit Futter bombardierten, während er selbst nur mit Krümeln abgespeist wurde – zwischen den Tischen umherlief, wuchs in Charlie das Gefühl, versagt zu haben. *Anstatt dafür zu sorgen, dass der arme Kerl sich den Bauch vollschlägt, helfe ich ihm beim Futtersammeln für die anderen*, nagte es an ihm.

Gerade als Charlies Geduldsfaden zu reißen drohte und er noch überlegte, ob er sich wortlos aus dem Staub machen oder Alfred anschreien sollte, er könne sich seine Futterhäufchen sonst wo hin stecken, landete neben ihm eine Taube.

»Tach auch. Wer von euch iss'n Charlie?«, wollte die Stadttaube wissen.

»Ich bin Charlie. Wieso willst du das wissen?«

»Hab 'ne Nachricht für dich«, sagte die Taube, warf Charlie ein zerknülltes Stück Papier vor die Füße und flog davon.

Charlie glättete den Zettel und las:

Hallo C-Man,
du hast was verloren.
Mach's gut,
Hui

Aus dem zerknüllten Stück Papier war ein zweiter Zettel herausgefallen und vor Charlies Füßen gelandet. Er kam ihm irgendwie bekannt vor. Charlie hob ihn auf und las kopfschüttelnd, was er sich auf seinem Merkzettel notiert hatte. Das passte ja gerade wie die Faust aufs Auge:

»Wenn du <u>nicht</u> ständig mit allen in Verbindung bleibst, erledigst du deinen Job nicht ordentlich!«

Also gut, dachte sich Charlie, *mich aus dem zu Staub machen, kommt schon einmal nicht infrage. Aber was ich mit Alfred machen soll, weiß ich trotzdem nicht.*

Charlie wollte Huis Nachricht gerade wegwerfen, als er sah, dass auch auf der Rückseite noch etwas geschrieben stand:

P. S.
Nicht ungeduldig werden, C-Man, es braucht seine Zeit. In Verbindung zu bleiben ist nicht der Weg zum Ziel, sondern es ist das Ziel.

Charlie nahm sich Huis Rat zu Herzen und konzentrierte sich ganz darauf, mit Alfred zu kommunizieren. Während er ihm half, das Futter ordentlich unter einem Busch aufzustapeln, dachte er angestrengt darüber nach, wie er mit Alfred ins Gespräch kommen könnte. Und plötzlich hatte er einen Geistesblitz. »Al, warum tust du das eigentlich?«, fragte Charlie. »Den ganzen Tag schuftest du, nur damit sich die anderen über das Futter hermachen können.«

»Weil ich die anderen gern habe, und weil sie Hunger leiden«, antwortete Alfred, der sich wie immer so anhörte, als würde er durch die Nase sprechen.

Dieser kleine, schlichte Satz war der längste, den Charlie jemals aus Alfreds Schnabel gehört hatte, und er sagte ihm alles, was er wissen musste. Charlie war nicht nur erleichtert, dass er nun endlich die Ursache von Alfreds Problem kannte, sondern er schätzte sich auch ungemein glücklich, einen so uneigennützigen Teamplayer in seiner Kolonie zu haben. Mit einer herzensguten Seele zu sprechen war viel einfacher als alles, was sich Charlie in seiner Verzweiflung ausgemalt hatte.

»Alfred, mein Freund«, begann Charlie, »ich habe dir kürzlich gesagt, dass du deine Arbeit gut machst. Ich nehme das zurück. Du bist besser als gut, du bist einfach fantastisch!« Charlie strahlte Alfred an und legte ihm einen Flügel um die Schulter. »Aber du musst selbst auch etwas futtern. Es ist dein Job, für dein leibliches Wohl zu sorgen, darauf kommt es an...« Charlie sah, dass Alfred ihm sehr aufmerksam zuhörte und überlegte kurz, wie er fortfahren sollte. »Trotz deiner großartigen Arbeit ist nie genug Futter für alle da, das hast du sicher auch schon festgestellt, nicht wahr?«

Alfred nickte heftig mit dem Kopf.

»Ich schlage vor, dass du dir ab jetzt zuerst selbst den Bauch vollschlägst, und erst dann Futter für die anderen zusammensammelst, wenn du satt bist. Geht das für dich in Ordnung?«

»Ja, in Ordnung« sagte Alfred lächelnd.

»Dann sind wir uns einig. Wie gut es funktioniert, werde ich an deinem Bauch überprüfen – der nun hoffentlich schön dick und rund wird. Und mach dir bitte keine allzu großen Sorgen um die anderen, ja? Ich werde mich um kaum etwas anderes mehr kümmern, als dafür zu sorgen, dass alle genug Futter bekommen.«

Als Charlie am Abend auf dem Felsen landete, der seiner Kolonie als Ruheplatz diente, hätte er Hui am liebsten eine kurze Nachricht geschickt, um sich dafür zu bedanken, dass der Delfin die Situation mit Alfred gerettet hatte. Doch Charlie beschloss, seine Dankbarkeit nicht in Worten, sondern in Taten zu beweisen, indem er sich Huis intuitive Kommunikationsweise zum Vorbild nehmen wollte.

Botschaften, die ankommen

Hören Sie zu, was Ihnen Ihre Mitarbeiter zu sagen haben, beobachten Sie, wie sie ihre Aufgaben erledigen, und sprechen Sie offen über ihre Arbeit. Nur durch den wechselseitigen Austausch zwischen Vorgesetzten und Mitarbeitern kann sichergestellt werden, dass die Voraussetzungen für gute Arbeitsleistungen gegeben sind: ausreichende Ressourcen, Unterstützung, Anleitung und Anerkennung. Botschaften kommen bei ihren Empfängern nur dann richtig an, wenn sie kontinuierlich vermittelt werden und in einer Sprache verfasst sind, die jeder versteht.

92

5
Immer die Leistungen im Blick behalten

Woche um Woche verstrich, und die Zeit verging wie im Flug. Charlie schien es erst gestern gewesen zu sein, dass den Küken der letzten Brut noch die Reste der Eierschalen in ihren zarten Flaumfedern hingen, und inzwischen waren sie bereits flügge geworden. Die Stunde der Wahrheit rückte immer näher, es würde nicht mehr lange dauern, bis die Kolonie an die Meeresküste zurückkehren würde. Charlie machte sich große Sorgen. Er wollte seine Kolonie unter keinen Umständen verlieren, und die Fortschritte, die er während der vergangenen vier Wochen erzielt hatte, machten den Gedanken an ihren Wegzug noch unerträglicher. Charlie hatte sich große Mühe gegeben und sich ganz darauf konzentriert, die Kommunikation mit seiner Kolonie zu verbessern – und seine Mühe hatte sich gelohnt. Dank des kontinuierlichen Dialogs mit der Kolonie hatte er jede einzelne seiner Möwen viel besser kennen gelernt, und in ihren Gesprächen kamen sie gemeinsam auf viele neue Ideen für effizientere Arbeitsweisen.

So zu kommunizieren, dass seine Botschaften ankamen, fiel Charlie alles andere als leicht. Schließlich musste er nicht nur seine alten Angewohnheiten ablegen und die Abläufe neu organisieren, sondern auch gegen seine überholten Ansichten über die Aufgaben einer Führungskraft ankämpfen, die sich trotz besseren Wissens nicht einfach so in Luft auflösten. Zudem stand dem Bedürfnis der Chefmöwe, permanent *irgendetwas zu tun*, das Bedürfnis der Kolonie gegenüber, ihre Chefmöwe ständig um sich zu haben, was für Charlie einen komplizierten Balanceakt darstellte. Das einzig Unkomplizierte an der ganzen Sache war für Charlie, dass die Kommunikation mit seiner Kolonie eine höchst willkommene Eigendynamik entwickelte. Je besser er mit seinen Möwen in Verbindung blieb und die Kontakte pflegte, umso mehr verließen sich die Möwen auf die kommunizierten Botschaften. Die Kommunikation hatte sich durchgesetzt und war das Bindeglied geworden, das die Kolonie zusammenhielt.

Doch obwohl die Kolonie inzwischen effizienter und koordinierter ans Werk ging, gab es noch immer einige Möwen, die kaum ein Gramm zugenommen hatten. Aber was konnte Charlie noch tun, um seine Kolonie zu ernähren, sie zum Bleiben zu überreden oder doch wenigstens ihr Vertrauen zurückzugewinnen? Charlie wünschte sich nichts sehnlicher als guten Rat, und zum Glück wusste er, woher er ihn bekommen konnte.

Am Schildkrötenbecken herrschte eine gespenstische Atmosphäre. Nebelschwaden waberten von der tiefschwarzen Wasseroberfläche empor und verloren sich in der kühlen Nachtluft. Doch da das Schildkrötenbecken für Charlie kein unbekanntes Gewässer mehr war, hüpfte er furchtlos hinein, um nach seinem gepanzerten Freund zu suchen.

Oskar entdeckte über sich den Umriss eines rundlichen

Seevogels, der durch sein Reich paddelte. Das konnte ja nur Charlie sein! Die alte Meeresschildkröte tauchte auf und begrüßte die Möwe mit den Worten: »Hey Kumpel, lange nicht gesehen!«

»Da bist du ja! Ein bisschen Licht wäre hier echt nicht schlecht!«, beschwerte sich Charlie genervt. »Du, hör mal, ich brauch deine Hilfe.«

»Ich bin ganz Ohr.«

»Die Küken sind inzwischen schon ganz schön groß, mein Lieber! Das gefällt mir gar nicht.«

»Ja, ja, die Kinder ... sie werden viel zu schnell erwachsen, nicht wahr?«, entgegnete Oskar wissend und erntete von Charlie einen bitterbösen Blick. »Hast du denn mittlerweile den Eindruck, dass deine Botschaften besser ankommen?«, wechselte die Schildkröte schnell das Thema.

»Ja, auf alle Fälle. Daran habe ich die ganze Zeit gearbeitet, deshalb bin ich nicht schon früher gekommen, um dich noch einmal nach dem dritten Geheimnis zu fragen. Was war das noch gleich?«, fragte Charlie.

»Leistungen im Blick behalten.«

»Ach ja, richtig. Ich will dich ja nicht drängen, großer Meister, aber es ist nun schon einen Monat her, dass die Kolonie gemeutert hat, und es kann jeden Tag soweit sein, dass sie an die Küste zurückfliegt. Ich muss dieses letzte Geheimnis *ganz schnell* umsetzen, damit alle erkennen, dass ich mich wirklich geändert habe«, erklärte Charlie und fuchtelte hektisch mit den Flügeln.

»Ist morgen früh schnell genug? Ich kann sicher einen Termin bei Annabel für dich arrangieren.«

»Warum kannst du mir nicht gleich jetzt erzählen, was ich wissen muss?«

»Ich könnte dir schon etwas erzählen, aber ich kann dir nicht beibringen, was du wissen musst«, erklärte die Schildkröte.

»Und warum nicht?«

»Weil ich nun mal kein Hund bin, und weil du, wie bei den ersten beiden Geheimnissen auch, die Lektion am eigenen Leib erfahren musst, um sie zu verinnerlichen. Du wirst alles, was es über das dritte Geheimnis zu erfahren gibt, in der Arena der Tierartisten-Show erfahren.«

»Und wenn ich die Lektion gelernt habe, wird meine Kolonie hier bleiben?«

»Nicht unbedingt«, sagte Oskar, und Charlie blickte sichtlich enttäuscht drein.

»Wozu soll ich die Sache mit der Leistung dann lernen, wenn ich die Kolonie dadurch nicht von der Abreise abhalten kann?«, nörgelte Charlie verstimmt.

»Es gibt ein altes chinesisches Sprichwort: *Gib einem Hungernden einen Fisch, und er wird einmal satt, lehre ihn Fischen, und er wird nie wieder hungern.* Deine morgige Lektion besteht aus dem nächsten Schritt: Du lernst, wie deine Kolonie nicht nur nie wieder hungern muss, sondern wie ihr alle auf Dauer ein sorgloses Leben im Überfluss führen könnt.«

Nicht zum ersten Mal musste Charlie feststellen, dass sich mit der Schildkröte schlecht streiten ließ. Sie hatte einfach immer die besseren Argumente. So bedankte er sich dafür, dass Oskar den Termin bei Annabel für ihn ausmachen würde, und flog zurück, um sich auszuruhen.

Leistungsmanagement nach allen Regeln der Kunst

Beim Frühstück am nächsten Morgen fiel Charlie auf, dass seine Kolonie die Nester der letzten Brut bereits beseitigt hatte. *Sie meinen es wirklich ernst*, dachte er erschüttert. *Der Tag ist doch jetzt schon gelaufen. Sie könnten mich auch gleich den Viechern in der Tierartisten-Show zum Fraß vorwerfen, dann wäre es wenigstens schnell aus und vorbei.*

Charlie schwang sich in die Lüfte und machte sich auf den Weg. Bisher hatte er immer einen weiten Bogen um die Arena der Tierartisten-Show gemacht, und nur weil seine Verzweiflung inzwischen viel größer war als seine Angst, brachte er es heute über sich, dorthin zu fliegen. Charlie hatte sich den Meeresthemenpark nicht ohne guten Grund als Lebensraum und Standort seiner Kolonie ausgesucht – er fühlte sich hier sicher, da alle Raubfische, die den Möwen gefährlich werden konnten, ihre Wasserbecken nicht verlassen konnten. Die Arena der Tierartisten-Show hingegen war alles andere als sicher. Hier wimmelte es nur so von Hunden, Katzen und sogar von Vögeln, die nichts lieber täten, als Charlie an den Kragen zu gehen. Aber die Angst, seine Kolonie zu verlieren, war heute einfach größer als die Angst, als Mahlzeit enden zu können.

Beim Näherkommen entdeckte Charlie einen schwarz-weiß gescheckten Border Collie, der auf der Hauptbühne saß und suchend in den Himmel blickte. Als der Collie ihn erspähte, hob er die Pfote und winkte Charlie, herunterzukommen. Nachdem die Möwe neben dem Vierbeiner auf der Bühne gelandet war, begrüßte ihn der Hund, der sich nun als Hündin entpuppte, mit einem fragenden: »Charlie?«

»Du hast es erfasst. Und du bist sicherlich Annabel«, sagte Charlie und streckte ihr zur Begrüßung den Flügel entgegen.

»Du machst überhaupt keinen verängstigten Eindruck«, bemerkte Annabel mit deutlich schottischem Akzent. »Oskar meinte, du hättest Angst davor, ein Labrador könnte dir an die Gurgel gehen oder so etwas in der Art.«

Charlie gluckste amüsiert. Die alte Schildkröte hatte ihn durchschaut. »Das schon, aber ich stehe heute wohl etwas neben mir.«

»Weil deine Möwen schon so gut wie im Aufbruch sind?«

»Ja. Es kann jetzt jeden Moment soweit sein, dass sie sich auf den Flug zur Küste machen. Ich weiß gar nicht, weshalb ich mir überhaupt noch die Mühe mache.«

»Noch sind sie ja hier, nicht wahr?«, betonte Annabel mit fester Stimme, um Charlie daran zu erinnern, dass noch nicht alles verloren war.

»Schätze schon. Vorhin waren sie jedenfalls noch da.«

»Na dann, packen wir es an! Du musst lernen, die Leistungen im Blick zu behalten, damit du deiner Kolonie beweisen kannst, dass eine großartige Führungskraft in dir steckt.«

»In Ordnung.«

»Zuerst musst du begreifen, warum so viele Führungskräfte an der Aufgabe scheitern, ihre Mitarbeiter erfolgreich zu führen. Es scheint, dass sich die meisten viel zu viele Gedanken darüber machen, ob sie nun als netter oder gemeiner Chef gelten. Fakt aber ist, dass ein guter Führungsstil überhaupt nichts mit Nettigkeit oder Gemeinheit zu tun hat.«

»Hat er nicht?«

»Nein. Du giltst offen gesagt als gemeiner Chef, aber wenn du deinen Job ordentlich erledigst, werden dich deine Möwen nicht mehr als solchen empfinden. Imata hat dir sicherlich erklärt, dass deine Aufgabe als Chef ausschließlich darin besteht, deine Mitarbeiter nach Kräften dabei zu unterstützen, gute Ergebnisse zu erzielen?« Das war eine rein rhetorische Frage, und Charlie nickte bekräftigend. »Doch wie sollen sie gute Ergebnisse erzielen, wenn du ihnen nicht sagst, ob sie ihre Aufgaben richtig oder falsch machen?«

»Ich sage ihnen immer, wenn sie etwas falsch machen«, warf Charlie stolz ein.

»Ja. Und genau deshalb halten sie dich für einen gemeinen Chef.«

»Oh!«

»Das Problem ist, dass du Fehler nur dann korrigierst, wenn es dir gerade in den Kram passt. Du rauschst erst in letzter Minute herbei und veranstaltest ein mordsmäßiges Geschrei, oder du machst nachträglich alle zur Schnecke, wenn sie die Sache bereits vermasselt haben.«

»Ach so, ein *netter* Chef würde allen freundlich auf die Schulter klopfen, wenn etwas in die Hose gegangen ist, ja?«, fragte Charlie leicht spöttisch.

»Nein. Ein netter Chef lobt auch nur bei passenden Gelegenheiten. Aber da er gerne lobt, rauscht ein netter Chef immer dann herbei, wenn jemand etwas richtig gemacht hat. Ein netter Chef ignoriert Fehler genauso häufig, wie du Erfolge ignorierst.«

Da Charlies Gehirn gerade auf Hochtouren lief, um Annabels Ausführungen zu verarbeiten, widersprach er ihr noch nicht einmal.

»Die meisten guten Chefs setzen auf Lob, weil es der schönste und erfüllendste Aspekt ihrer Führungsaufgabe ist, Mitarbeiter durch Lob und Anerkennung zu großartigen Ergebnissen zu führen. Der schwierigste Aspekt hingegen ist, bei Fehlern oder Misserfolgen *konstruktive Kritik* zu üben und korrigierend einzugreifen. Aber herausragende Führungskräfte finden immer das richtige Maß an Lob und konstruktiver Kritik, weil ihnen klar ist, dass ihre einzige und wichtigste Aufgabe darin besteht,...«

»... ihren Mitarbeitern großartige Ergebnisse zu ermöglichen«, ergänzte Charlie triumphierend.

»Ich hätte es selbst nicht besser formulieren können«, bestätigte Annabel und zwinkerte Charlie zu.

»Mir leuchtet vollkommen ein, was du sagst – das richtige Maß von beidem zu finden –, aber dafür reicht meine Zeit doch hinten und vorne nicht. Wenn ich jeder einzelnen Möwe beim Arbeiten zusehe und sie lobe und korrigierend eingreife, komme ich zu nichts anderem mehr.«

»Nun gut, Charlie, vielleicht kann ich es dir so begreiflich machen.« Annabel sah die Möwe eindringlich an. »Wir Border Collies werden sehr geschätzt für unsere Begabung, alles im Blick und im Griff zu behalten. Die Schäfer vertrauen uns die Grundlage ihrer Existenz an, weil sie sich darauf verlassen können, dass wir die Herde beisammen halten und sicher an ihren Bestimmungsort bringen. Weißt du, wie wir Border Collies unsere Aufgabe bewältigen? Warum ein einziger Hütehund in der Lage ist, eine ganze Schafherde zusammenzuhalten?«

Immer die Leistungen im Blick behalten

»Weil er viele spitze Zähne hat?«

Annabel ignorierte Charlies bemühten Scherz und fuhr ungerührt fort: »Wenn sich ein Schaf von der Herde entfernt, fasse ich es nicht als Fehler auf, sondern als Zeichen, dass meine Hilfe benötigt wird. Um Abweichungen wie diese kümmere ich mich gerne, denn sie bieten mir doch die Möglichkeit, meinen Job gut zu erledigen. Jedes Schaf tanzt gelegentlich einmal aus der Reihe, und da ich das weiß, bin ich immer in der Nähe, damit ich bei Bedarf helfen und eingreifen kann. Wenn du bei Fehlern und Misserfolgen sicher und bestimmt, aber ohne bedrohlich zu wirken, auftrittst, besteht überhaupt keine Notwendigkeit, die Zähne zu zeigen. Die Schafe folgen meinen Anweisungen, weil sie wissen, dass ich sie weder in die Beine zwicke noch willkürlich herumscheuche, sondern sie einfach nur wieder auf den richtigen Weg zurückbringen will.«

»Du hast gesagt, eine gute Führungskraft korrigiert und lobt gleichermaßen, doch von Lob habe ich bisher von dir noch kein Wort gehört«, stellte Charlie unverblümt fest.

»Nun, mein einziges und vordringlichstes Ziel ist es doch, eine gute und produktive Beziehung mit meiner Herde einzugehen. Indem ich die Schafe permanent im Auge behalte, sehe ich ja nicht nur, was sie falsch, sondern auch, was sie richtig und gut machen. Nehmen wir einmal an, ich muss die Herde durch ein Tal führen, und ein Schaf leistet großartige Arbeit, indem es die Herde genau auf dem richtigen Weg in das Tal hinunterleitet. Natürlich lasse ich es wissen, dass es seine Sache toll gemacht hat. Ich lobe es, weil ich weiß, dass es sich darüber freut. Schafe lechzen ebenso wie du und ich nach An-

Immer die Leistungen im Blick behalten

erkennung. Wenn ich Lob austeilen kann, bin ich mit derselben Begeisterung und Energie zur Stelle wie beim Korrigieren von Fehlern. Deshalb haben meine Schafe auch nie Grund zur Beunruhigung, wenn sie mich kommen sehen, denn sie kennen mich nur als helfende, unterstützende Kraft, die sich aktiv dafür einsetzt, dass sie erfolgreich sind.«

»Aber wie schaffst du es, nicht in ein Mikromanagement zu verfallen? Immer die Leistungen im Blick zu behalten, riecht für mich verdächtig danach, meinen Schnabel permanent überall hineinzustecken. Damit würde ich meine Kolonie wahnsinnig machen.«

»Ich weiß, was du meinst. Du bist nicht der Einzige, der befürchtet, als Kontrollfreak abgestempelt zu werden.« Irritiert verstummte Annabel für einen Augenblick, da sie nicht wusste, was sie von Charlies plötzlichem Herumnesteln halten sollte. Ach so, jetzt hatte er Bleistift und Papierserviette gezückt und sah sie erwartungsvoll an. Sie nahm den Faden wieder auf: »Vor lauter Angst, sie könnten als Kontrollfreak bezeichnet werden, verfallen viele Führungskräfte heutzutage in das gegenteilige Extrem und halten sich aus allem heraus. Sie verlieren den Kontakt zu ihren Mitarbeitern, die Probleme breiten sich wie Geschwüre ungehindert aus, und das Team verliert die Orientierung. Und dann platzt den Chefs natürlich doch irgendwann der Kragen, und sie fühlen sich erst recht genötigt, in letzter Minute herbeizurauschen und ...«

»Viel Wind zu machen, herumzuschreien und alles und jeden mit Dreck zu bewerfen. Sie plustern sich auf wie eine Chefmöwe!«, rief Charlie aus.

»Ich hätte es zwar anders ausgedrückt, aber du hast es absolut treffend auf den Punkt gebracht«, sagte Annabel lächelnd. »Eine Führungskraft sollte die Probleme anpacken, sobald sie sich abzeichnen, solange sie noch so überschaubar und begrenzt sind, dass sie sich mit relativ einfachen Mitteln lösen lassen. Es ist dein Job, mit deinem Team in Verbindung zu bleiben und dich über den aktuellen Stand der Arbeit auf dem Laufenden zu halten. Ob du dabei in ein Mikromanagement verfällst oder nicht, hängt ausschließlich von deiner eigenen Unsicherheit, dem Ausmaß deines Kontrollzwangs und so weiter ab. Wenn du die Leistungen deiner Möwen im Blick behältst, erreichst du damit, dass sie ihre Aufgaben selbstständig und ohne Angst vor Repressalien erledigen, weil es ihnen Sicherheit gibt zu wissen, dass du sofort zur Stelle bist, wenn deine Unterstützung und Anleitung gebraucht wird.«

»Kleinen Augenblick bitte, ja?«, unterbrach Charlie sie und bückte sich nach Stift und Papier, die er vor sich hingelegt hatte.

»Tut mir leid, Charlie, ich habe jetzt keine Zeit mehr. Ich muss mich auf die Vorführung vorbereiten. Du kannst aber gerne noch hier bleiben, du hast noch eine halbe Stunde Zeit, bevor eines der anderen Tiere in die Arena kommt.«

»Oh! Okay«, sagte Charlie mit einem bedauernden Schulterzucken. »Danke für deine Hilfe.«

»Jederzeit, Charlie. Du weißt ja jetzt, wo du mich findest.« Annabel zwinkerte Charlie zum Abschied noch einmal zu und verschwand dann hinter der Bühne.

Ohne Annabel kam Charlie sich plötzlich einsam und verlassen vor, und er hatte Mühe, seine Gedanken zu sortieren. Würde er überhaupt noch einmal einen Anlass haben, Annabel um Hilfe zu bitten, oder wäre er schon bald eine einsame Möwe ohne Kolonie, die es zu führen galt, fragte er sich, als er den Blick über die verlassene Arena schweifen ließ. Die Leistungen seiner Möwen wollte er aber auf alle Fälle ab jetzt im Blick behalten, und so notierte er sich auf seinem Merkzettel:

> INDEM ICH DIE LEISTUNGEN IM BLICK BEHALTE, STELLE ICH SICHER, DASS ICH:
> - GUTE ARBEIT GEBÜHREND ANERKENNE,
> - FEHLGELEITETE ZURÜCK AUF DEN RICHTIGEN WEG BRINGE,
> - DER KOLONIE VERMITTLE, SELBSTSTÄNDIG ZU ARBEITEN UND DABEI TROTZDEM DIE WECHSELSEITIGEN ABHÄNGIGKEITEN UND VERFLECHTUNGEN ZU BERÜCKSICHTIGEN.

Beflügelndes Leistungsmanagement

Eilig verstaute Charlie den Merkzettel in seinem Federkleid und machte sich sofort auf den Weg ins Schlemmerparadies. Während seines Flugs dachte er angestrengt über Annabels Lektion und darüber nach, was sich Oskar von seiner Unterredung mit der Colliehündin versprochen haben mochte. Eins war ihm jedenfalls klar geworden: Kommunikation war das entscheidende Element, das gutes Management überhaupt erst ermöglichte. Für Charlie eine tröstliche Erkenntnis, nachdem er so viel seiner kostbaren Zeit damit verbracht hatte, richtig kommunizieren zu lernen.

Und noch etwas hatte er begriffen: Er durfte die Leistungen seiner Möwen nicht länger ignorieren, sonst hätte er sich ganz umsonst darum bemüht, seine Erwartungen exakt zu definieren und dafür zu sorgen, dass seine Botschaften ankamen. Zum ersten Mal in seiner Laufbahn als Chefmöwe erkannte Charlie die Ausmaße seiner Pflichten und Zuständigkeiten als Führungskraft, die notwendig waren, damit seine Kolonie optimal zusammenwirken konnte. Ganz plötzlich war ihm alles so sonnenklar wie der strahlendblaue Himmel über Kalifornien an diesem Tag.

Erfreut sah Charlie, dass die Möwen schon fleißig bei der Arbeit waren, und landete mitten im Getümmel des Schlemmerparadieses. Als Erster fiel ihm Alfred auf. Wie ein Berserker wirbelte die mittlerweile recht wohlgenährte Möwe von Tisch zu Tisch und klaute Futter, was das Zeug hielt. Amüsiert dachte Charlie, dass ihm Annabels Ratschläge jetzt gerade recht kamen. Schon fünf Minuten nach ihrem Treffen bot sich die erste Gelegenheit, das soeben Gelernte anzuwenden.

»Hallo Alfred, wie läuft es denn so?«, fragte Charlie.

Alfred beugte sich gerade über einen Teller Nachos mit Käse. Hungrig, wie er nun einmal war, machte er sich gar nicht erst die Mühe, Bröckchen abzupicken, sondern verschlang die Chips im Ganzen, sodass Charlie genau beobachten konnte, wie die dreieckigen Leckerbissen Alfreds Speiseröhre hinunterwanderten. »Super!«, brachte Alfred begeistert hervor, bevor er sich wieder ans Schlucken machte.

»Toll, wie du dir jetzt selbst den Bauch vollschlägst, du machst das ganz großartig, ehrlich! Du hast richtig Speck auf die Rippen bekommen«, lobte Charlie.

»Danke«, freute sich Alfred.

»Allerdings möchte ich, dass du deine Arbeit ein bisschen anders anpackst«, begann Charlie behutsam. Er wollte Alfred mit seiner konstruktiven Kritik ja nicht vor den Kopf stoßen, sondern ihm nur einen sanften Schubs in die richtige Richtung geben. »Das Plündern ist nur eine deiner Stärken, Alfred. Du bist auch im Patrouillieren große Klasse. Und der Vorteil vom Patrouillieren ist, dass dir die Menschen freiwillig Futter vor die Füße werfen, was wiederum den Parkangestellten völlig egal ist. Plündern hingegen sorgt immer für Aufruhr und Geschrei, was die Parkangestellten natürlich in Alarmbereitschaft versetzt. Ich möchte daher, dass du nur dann zum Plündern übergehst, wenn du dir mit dem Patrouillieren nicht genug Futter beschaffen kannst. Dadurch minimieren wir das Risiko, dass die Menschen auf die Idee kommen, uns von hier vertreiben zu müssen.«

Das Möwen-Prinzip

»Aye, aye, Kapitän«, sagte Alfred und legte salutierend die Flügelspitze an die Stirn.

Auf seiner nachmittäglichen Runde durch die Kolonie befolgte Charlie Annabels Ratschlag, sein Team mindestens ebenso oft zu loben wie zu kritisieren. Kritik waren die Möwen von Charlie gewohnt, weshalb in dieser Hinsicht kaum jemand einen Unterschied zu vorher bemerkte – außer vielleicht, dass sich Charlie heute nicht endlos über völlig belanglose Fehler echauffierte. Was sie von Charlie jedoch überhaupt nicht gewohnt waren, war, dass ihr Chef sich auch positiv äußerte, sie ermutigte, ja, sich sogar über etwas begeistern konnte. So hatte die Kolonie ihre Chefmöwe noch nie erlebt, und viele der Möwen hörten heute zum ersten Mal in ihrem Leben ein Wort der Anerkennung aus dem Schnabel ihres Vorgesetzten.

Mit jedem Lob, das Charlie aussprach, gewann die Kolonie spürbar an Selbstvertrauen und Zuversicht, und Charlie war überrascht und gerührt zugleich, wie sehr sich seine Möwen schon über das geringste Lob freuten.

Charlie hatte jetzt eigentlich nur noch ein Problem: die Zeit. Seine vierwöchige Frist war abgelaufen. Was sollte seine Kolonie jetzt noch davon abhalten, an die Küste zurückzukehren? Als sich Charlie an diesem Abend erschöpft neben den anderen Möwen auf dem Felsen zum Schlafen niederließ, wurde er das Gefühl nicht los, dass sich über ihm etwas zusammenbraute. Er sollte schon bald erkennen, wie recht er mit dieser Vorahnung hatte.

Immer die Leistungen im Blick behalten

Achten Sie aufmerksam darauf, welche Leistungen Ihre Mitarbeiter erbringen, und sparen Sie mit aufrichtigem Lob und Anerkennung ebenso wenig wie mit konstruktiver Kritik und Rückmeldung. Wenn Sie die Leistungen im Blick behalten, spornen Sie Ihr Team zu Spitzenleistungen an, da Sie Abweichungen vom Erfolgskurs frühzeitig korrigieren und Ihre Mitarbeiter in den Arbeits- und Verhaltensweisen bestärken, mit denen sie Erfolge erzielen können.

6
Ein neuer Tag

Am nächsten Morgen wurde Charlie reichlich unsanft davon aus dem Schlaf gerissen, dass ihn etwas kräftig in den Bauch piekste. Er riss die Augen auf und sah, dass es eine Taube war.

»Hey, du Daunenkugel«, rief die Taube schroff. »Schwing deinen faulen Hintern aus der Koje, ich habe hier 'ne wichtige Nachricht für dich!«

Unwillig rieb Charlie sich den Schlaf aus den Augen und stellte fest, dass es dieselbe Taube war, die ihm damals auch die Nachricht von Hui überbracht hatte. Doch bevor er noch irgendetwas sagen konnte, flatterte der unverschämte Vogel schon wieder davon und ließ einen Zettel zurück.

Vorsichtig faltete Charlie das Papier auseinander. Darauf stand:

Komm her!
So schnell es geht!!
Oskar

Charlie ließ den Zettel sinken und betrachtete die friedlich schlafenden Möwen um ihn herum. Die Sonne war noch nicht

Das Möwen-Prinzip

Ein neuer Tag

aufgegangen, und im fahlen Licht des anbrechenden Tages überkam ihn mit einem Mal eine große Traurigkeit bei dem Gedanken, dass die Ruheplätze schon bald einsam und verlassen dalägen. Mit Mühe schwang er seine bleischweren Glieder in den dunklen Himmel, unfähig, zu dieser nachtschlafenden Zeit auch nur einen klaren Gedanken zu fassen. Über dem Schildkrötenbecken angekommen, zog er lautlos einige Kreise. Der Vollmond war noch nicht untergegangen und tauchte die Wasseroberfläche in ein warmes Licht, in dem der faltige Kopf einer Schildkröte, eindeutig Oskar, zu erkennen war.

Als Charlie am Beckenrand landete, wurde er von einem offensichtlich hellwachen Oskar aufgeregt begrüßt: »Danke, dass du so schnell gekommen bist, Charlie.«

»Kein Problem«, meinte Charlie schlaftrunken.

»Ich habe fantastische Neuigkeiten für dich.« Oskars Stimme überschlug sich fast. Die sonst so ruhige und gelassene Schildkröte schien völlig aus dem Häuschen – oder besser gesagt, Panzer – zu sein, was Charlie etwas beunruhigte. »Die Parkleute planen eine neue Show, und zwar mit deiner Kolonie!«

»Eine was?«

»Eine Show! *Eure* Show!«

»Komm schon, Oskar, du willst mich wohl auf den Arm nehmen«, winkte Charlie müde ab. Er fragte sich ernsthaft, ob alte Meeresschildkröten wohl senil werden konnten. »Ich gehe jetzt lieber wieder schlafen.«

»Nein, Charlie, ich nehme dich überhaupt nicht auf den Arm, ganz im Gegenteil! Als neue Attraktion im Park ist geplant, den Besuchern die einzigartigen Fähigkeiten von Möwen vorzuführen. Einen Namen gibt es auch schon dafür: Die Sensationelle Seemöwen-Show!«

»Mit uns? Warum das denn?«, fragte Charlie perplex.

»Nun, den Menschen ist ja nicht entgangen, wie radikal sich das Verhalten deiner Kolonie in den letzten vier Wochen verändert hat. Dass ihr so schlau seid und euch ständig etwas Neues einfallen lasst, um an Futter zu kommen, hätten sie nicht für möglich gehalten. Selbst Seevogelexperten hatten bislang keine Ahnung, dass Möwen zu dem in der Lage sind, was ihr so alles angestellt habt.«

»Ach, das ist doch alles kaum der Rede wert«, sagte Charlie errötend. »Was müssten wir denn tun?«

»Eure fantastischen Flugkünste vorführen und das Publikum mit einigen eurer Tricks zum Staunen bringen, wie es die anderen Tiere in ihren Vorführungen eben auch tun. Es reicht völlig, wenn sich ein paar deiner Möwen bereit erklären, bei der Show aufzutreten, und als Gegenleistung für den Auftritt stellen die Menschen euch genug Futter für die gesamte Kolonie.«

»Welche von uns Möwen möchten sie für die Vorführung denn engag…« Charlie zuckte ruckartig mit dem Kopf zurück, als hätte er eine Ohrfeige bekommen. »Habe ich dich richtig verstanden? Sie stellen uns genug Futter für die gesamte Kolonie?«

»Genauso ist es.«

»Hurra! Das ist die Rettung!«, rief Charlie und machte vor lauter Freude einen Luftsprung. »Mit dieser Seemöwen-Show bleibt die Kolonie bestimmt hier!«

Ein neuer Tag

»Das wird sich erst noch zeigen müssen«, erwiderte Oskar flossenzuckend. »Du solltest zurückfliegen und erst einmal mit den anderen sprechen.«

»Ja, das stimmt, du hast Recht.« Charlie lief aufgeregt am Beckenrand auf und ab. »Ich muss das ordentlich kommunizieren«, ermahnte er sich nun. »Ich darf nicht einfach davon ausgehen, dass sie mit dieser Arbeit einverstanden sind. Also, scharf nachdenken ... hm, ach so, ja! Wen wollen sie bei dieser Vorführung nun eigentlich dabei haben?«, wandte er sich wieder an Oskar.

»Auf alle Fälle bestehen sie darauf, dass Alfred mitmacht. Nach Ansicht der Menschen wäre es eine lustige Nummer, wenn der liebenswerte, tollpatschige und so unschuldig wirkende Alfred sich plötzlich in einen Berserker verwandelt und Überraschungsangriffe auf die Schauspieler startet. Maya und Scott hätten sie auch gerne dabei. Für die beiden haben sich die Menschen ein paar Rätselspiele ausgedacht, bei denen gezeigt werden soll, wie klug Möwen bei der Lösung von Aufgaben vorgehen. Ja, und ein paar Freiwillige werden noch für die Flugvorführungen benötigt. Dich hätten sie übrigens auch gerne. Für eine Präzisionstreffernummer, bei der du zeigen kannst, wie exakt du aus großer Höhe verschiedene Ziele triffst. Du weißt schon, womit!«

»Das hört sich schon fast zu gut an, um wahr zu sein!«, strahlte Charlie. »Du entschuldigst mich doch, oder?«, verabschiedete er sich, wirbelte herum und rief Oskar im Davonfliegen zu: »Ich kann es kaum erwarten, zu erfahren, wie sich die Kolonie entscheidet!«

In jedem Ende steckt ein neuer Anfang

Obwohl sich die Morgensonne gerade erst über den Horizont schob, war Charlie inzwischen hellwach und rauschte mitten in seine noch schlummernde Kolonie, dass die Federn nur so stoben. Von Möwe zu Möwe hüpfend, kreischte er: »Es gibt gute Neuigkeiten, aufwachen! Ich habe großartige Nachrichten!«

»*Charlie!*«, stöhnte Scott, »was soll denn das Gezeter?«

»Los, kommt alle her! Kommt schon, alle zu mir«, kreischte Charlie und winkte die Möwen zu sich heran. Als auch der letzte schlaftrunkene Vogel zu ihm herübergewatschelt war, platzte es aus ihm heraus: »Ein Freund von mir hat mir gerade etwas ganz Großartiges erzählt. Die Parkleute planen eine neue Attraktion, und die Stars sind... wir! Wir sollen in der Sensationellen Seemöwen-Show auftreten!«

»Ja, ist das denn zu fassen?«, rief Maya aufgeregt.

»Bist du dir da ganz sicher?«, hakte Scott nach.

»Hundertprozentig sicher«, bestätigte Charlie. »Sie wollen Alfred für die Hauptrolle und noch ein paar andere, die etwas vorführen. Wenn wir damit einverstanden sind, bekommen wir so viel Futter, dass die ganze Kolonie davon leben kann!«

Die Möwen brachen in Jubelrufe aus und drängelten und wuselten um Alfred herum, um ihm auf die Schulter zu klopfen. Als Charlie seine Kolonie über die genauen Pläne für die Seemöwen-Show informierte, blickte er in lauter fröhliche Gesichter. Alle waren genauso begeistert wie Charlie, dass sich ihnen eine so großartige neue Chance eröffnete, und die Chefmöwe hoffte sehr, dass die Begeisterung der Kolonie aus-

Ein neuer Tag

reichte, um die geplante Rückkehr zur Küste abzusagen. Zu seiner großen Enttäuschung sagte jedoch keine einzige Möwe auch nur einen Piep, ob die Seemöwen-Show Grund genug wäre, um im Park zu bleiben.

»Also wisst ihr, mir ist aufgefallen, dass die letzten Küken schon ganz schön *groß* geworden sind«, begann Charlie. »Neulich habe ich mit ihnen Fangen gespielt, und die Kerlchen sind wie die Wirbelwinde um mich herumgeschwirrt.«

»Ja, die Kleinen haben sich prächtig entwickelt, nicht wahr?«, sagte Maya, die mit ihrer Bemerkung allgemeine Zustimmung erntete.

In Dankbarkeit darüber, dass sich die jüngsten Mitglieder der Kolonie einer so blühenden Gesundheit erfreuten, verfiel die Kolonie in ein andächtiges Schweigen, das für Charlie immer unerträglicher wurde. »Tja also... Eigentlich geht es mir um etwas ganz anderes«, stammelte er, um Fassung ringend. »Ich weiß, dass ihr mit dem Rückflug zur Küste nur so lange warten wolltet, bis die Küken flügge geworden sind, und ich möchte gerne wissen, ob ihr jetzt, da diese Seemöwen-Show stattfinden soll, vielleicht nicht doch hier bleiben möchtet.«

Charlies vorsichtige Frage löste verwunderte Blicke bei den Möwen aus, und er fühlte, wie sich ihm die Kehle zuschnürte.

Sichtlich verlegen ergriff Scott das Wort: »Oh je, Charlie! Anscheinend sind wir doch gar nicht so schlecht darin, ein Geheimnis zu hüten.«

»Geheimnis? Welches Geheimnis?«, fragte Charlie alarmiert.

»Dass wir schon längst beschlossen haben hierzubleiben«, verriet Maya, und ihre Stimme bebte vor Rührung. »Das mit der Show ist wirklich toll und wir freuen uns darüber, aber wir haben aus einem ganz anderen Grund beschlossen zu bleiben. Du bist der Grund, Charlie. Wir bleiben wegen *dir* hier.«

Erneut rang Charlie um Fassung. Diese Enthüllung überwältigte ihn so sehr, dass er kein Wort hervorbrachte.

Als Scott Tränen der Rührung in den Augen der Chefmöwe aufsteigen sah, umarmte er Charlie kurz, lächelte und erklärte warm: »Du hast dich drastisch verändert, Charlie, aber am Anfang wussten wir weder, was wir davon halten sollten, noch, was dabei herauskommen würde. Wir hatten keine Ahnung, welches Wundermittel du dir einwirfst, aber das war uns relativ schnell völlig egal, denn die Hauptsache war, dass es wirkte. Wir mögen den neuen Charlie, und wir vertrauen ihm auch wieder. Wir vertrauen dir so sehr, dass wir mit dir durch dick und dünn gehen wollen. Wir *wollen* für *dich* arbeiten und für keinen anderen.«

»Aber die Nester…«, begann Charlie mit tränenerstickter Stimme. »Warum habt ihr die Brutnester abgebaut, wenn ihr euch doch schon zum Bleiben entschlossen hattet?«

»Wir halten es für klüger, die Kolonie erst weiter zu vergrößern, wenn wir die Futterkrise endgültig überstanden haben«, erklärte Scott. »Wir trauen dir zwar durchaus zu, eine größere Kolonie zu führen, aber es muss ja nicht sein, dass wir uns selbst unnötig unter Druck setzen.«

»Das hört sich nach einem guten Plan an«, sprudelte es aus Charlie heraus. »Nach einem sehr guten und sehr klugen Plan.«

Wie sich herausstellte, war der Plan der Möwen tatsächlich sehr gut und klug. Auch wenn sich die Sensationelle Seemöwen-Show von Anfang an als riesiger Erfolg erwies – die Intelligenz der Möwen, ihr Einfallsreichtum und ihr fliegerisches Geschick beim Beutefang verblüfften das Publikum von Mal zu Mal erneut –, ließ sich das Futterproblem alleine dadurch nicht restlos lösen. Um alle Mitglieder der Kolonie satt zu bekommen, mussten die Möwen weiterhin im Schlemmerparadies Futter beschaffen und sich in Teamarbeit kontinuierlich neue Futterquellen erschließen. Dabei verließ sich die Kolonie ganz auf Charlies Führungsqualitäten, und Charlie wiederum verließ sich ganz auf die drei Tugenden herausragender Führungskräfte, um sicherzustellen, dass alle Arbeitsabläufe in seiner Kolonie ebenso reibungslos ineinandergriffen wie die Rädchen in einem gut geschmierten Getriebe.

Dank des üppigen Nahrungsangebots dauerte es nicht lange, bis wieder Brutnester gebaut wurden, und so vergrößerte sich die Kolonie Jahr um Jahr. Angesichts des ungebremsten Wachstums beschloss Charlie, es wäre an der Zeit, einigen seiner erfahrensten Möwen die Führung von Tochterkolonien zu übertragen. Nachdem er die Nachwuchs-Chefmöwen in die drei Geheimnisse erfolgreicher Führung eingeweiht hatte, flogen sie mit ihren Teams davon, um an anderen Standorten neue Kolonien zu gründen. Heutzutage sind Charlies Möwen so gut wie überall vertreten – in Vergnügungsparks, Sportstadien, Großstädten, ja sogar in Disneyland. Wenn Sie das nächste Mal auf Möwen treffen, schauen Sie einfach einmal genauer hin. Sind sie gesund und munter, mit sich und der

Welt zufrieden und tragen ein nicht zu übersehendes Wohlstandsbäuchlein mit sich herum, handelt es sich sicher um Möwen aus Charlies alter Kolonie. Und dann heißt es aufpassen! Diese pummeligen Vögel schnappen Ihnen Ihr Essen vor der Nase weg, bevor Sie überhaupt wissen, wie Ihnen geschieht. Viel wichtiger aber ist, dass Sie sich noch an etwas anderes erinnern, wenn Sie Charlies Möwen begegnen: Ihre großartigen Erfolge haben sie einer ehemals furchtbar aufgeplusterten Chefmöwe zu verdanken, die einsichtig genug war, sich zu ändern, und es ihren Möwen dadurch ermöglichte, ihr Potenzial zu entfalten.

II
Das Modell

7
Die drei Geheimnisse erfolgreicher Führung

Im Laufe meiner Zusammenarbeit mit großen und kleinen Unternehmen habe ich festgestellt, dass die erfolgreichsten Unternehmen eine bemerkenswerte Gemeinsamkeit aufweisen. Sie sind in der Lage, sich von den Scheuklappen der üblichen unternehmerischen Erfolgsstrategien – starke Marken, strategisch ausgerichteter Führungsstil, technologische Innovation, Kundenservice und dergleichen mehr – zu befreien und ihre Aufmerksamkeit auf die unerschöpflichste und wertvollste Ressource zu richten, über die jedes Unternehmen verfügt: ihre Mitarbeiter.

In nur wenigen Unternehmen ist man sich des Ausmaßes bewusst, in dem Führungskräfte als Botschafter der Unternehmenskultur fungieren. Und in noch weniger Unternehmen bemüht man sich gewissenhaft darum, diesen Botschaftern in Schulungs- und Weiterbildungsprogrammen das Wissen und die Fertigkeiten zu vermitteln, wie man hoch motivierte Mitarbeiter zu Spitzenleistungen anspornt und dafür sorgt, dass sie sich in ihrem Unternehmen wohlfühlen und ihren Job lieben.

Im Zuge der TalentSmart-Studie – die zum Ziel hatte, anhand von Untersuchungen in weltweit führenden Unternehmen verschiedenster Branchen gute Managementpraktiken mit hohen Erfolgschancen von unwichtigen, überflüssigen oder gar schädlichen Managementpraktiken zu unterscheiden – hat sich immer deutlicher herauskristallisiert, auf welche Praktiken es tatsächlich ankommt, damit Führungskräfte sowohl herausragende Arbeit leisten als auch ihren Mitarbeitern zu Zufriedenheit und Erfüllung am Arbeitsplatz verhelfen können.

Bisher wurden für die TalentSmart-Studie branchenübergreifend mehr als 150 000 Führungskräfte aus allen Managementebenen befragt, und es stellte sich heraus, dass alle herausragenden Führungskräfte – die ihre Teams zu Spitzenleistungen anspornen und sich engagiert für deren Zufriedenheit am Arbeitsplatz einsetzen – drei ganz bestimmte Praktiken umsetzen. Diese drei Praktiken – oder die *drei Geheimnisse erfolgreicher Führung*, die sich Charlie in unserer Fabel aneignete – stehen den drei typischen Praktiken einer aufgeplusterten Chefmöwe diametral gegenüber: viel Wind aufwirbeln, lautstarkes Geschrei veranstalten und alle mit Dreck bewerfen.

Während die aufgeplusterte Chefmöwe durch ihr eigenes Fehlverhalten überhaupt erst die Notwendigkeit für hastige Notfallmaßnahmen und lautstarke Standpauken schafft, sorgt die herausragende Führungskraft dafür, dass alle Mitarbeiter von Anfang an die richtigen Ziele verfolgen, indem sie ihre Erwartungen exakt formuliert und sicherstellt, dass sie von allen verstanden werden. Während die aufgeplusterte Chefmöwe bei ihren seltenen Stippvisiten üblicherweise viel Geschrei um nichts veranstaltet, sorgt die herausragende Führungskraft für einen kontinuierlichen Informationsfluss und kommuniziert ihre Botschaften so, dass sie bei den Empfängern auch wirklich ankommen. Und während die aufgeplusterte Chefmöwe die Leistungen ihrer Mitarbeiter dadurch zu verbessern glaubt, indem sie sie mit Dreck bewirft, wenn es einmal Anlass zu Beanstandungen gibt, behält die herausragende Führungskraft die Leistungen immer im Blick, sodass alle positiven wie negativen Rückmeldungen stets in kleinen, verdaulichen Dosierungen erfolgen.

Die Chefmöwe Charlie hat ihre Lektionen gelernt, und diese Lektionen sind wunderbar auf das Arbeitsleben eines jeden menschlichen Chefs übertragbar. Wer daran interessiert ist, seine Neigung zur aufgeplusterten Chefmöwe abzulegen und das Arbeitsklima zu verbessern, sollte sich an Charlie ein Beispiel nehmen.

Exakt definierte Erwartungen

Lenken Sie die Arbeitskraft Ihrer Mitarbeiter in produktive Bahnen, indem Sie sicherstellen, dass die jeweiligen Aufgaben auf die richtige Art und Weise erledigt werden. Dies bedeutet, jedem Mitarbeiter ausführlich zu erklären, welche Anforderungen an ihn gestellt werden, wie seine Leistungsbeurteilung erfolgt und dass die gemeinsamen Ziele nur durch Engagement und Einsatzbereitschaft aller Beteiligten erreicht werden können. Es macht einen gewaltigen Unterschied, ob Sie einen Mitarbeiter lediglich wissen lassen, was Sie von ihm erwarten, oder ob Sie sich vergewissern, dass ihm seine Aufgabenstellung und alle damit verbundenen Tätigkeiten vollkommen klar sind.

Botschaften, die ankommen

Hören Sie zu, was Ihnen Ihre Mitarbeiter zu sagen haben, beobachten Sie, wie sie ihre Aufgaben erledigen, und sprechen Sie offen über ihre Arbeit. Nur durch den wechselseitigen Austausch zwischen Vorgesetzten und Mitarbeitern kann sichergestellt werden, dass die Voraussetzungen für gute Arbeitsleistungen gegeben sind: ausreichende Ressourcen, Unterstützung, Anleitung und Anerkennung. Botschaften kommen bei ihren Empfängern nur dann richtig an, wenn sie kontinuierlich vermittelt werden und in einer Sprache verfasst sind, die jeder versteht.

Immer die Leistungen im Blick behalten

Achten Sie aufmerksam darauf, welche Leistungen Ihre Mitarbeiter erbringen, und sparen Sie mit aufrichtigem Lob und Anerkennung ebenso wenig wie mit konstruktiver Kritik und Rückmeldung. Wenn Sie die Leistungen im Blick behalten, spornen Sie Ihr Team zu Spitzenleistungen an, da Sie Abweichungen vom Erfolgskurs frühzeitig korrigieren und Ihre Mitarbeiter in den Arbeits- und Verhaltensweisen bestärken, mit denen sie Erfolge erzielen können.

Die drei Geheimnisse erfolgreicher Führung

| Exakt definierte Erwartungen | Botschaften, die ankommen | Immer die Leistungen im Blick behalten |

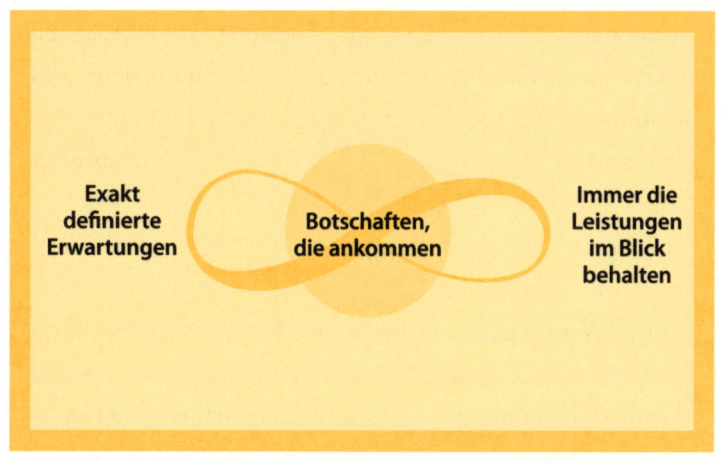

Grafik: CruxCreative.com

Die drei Erfolgsgeheimnisse einer herausragenden Führungskraft sind untrennbar miteinander verwoben, wobei die Kommunikation als Dreh- und Angelpunkt sämtlicher Managementaktionen eine zentrale Funktion übernimmt. Durch die Lektionen über die drei Geheimnisse haben Oskar und die anderen Tiere Charlie nicht nur neue Fertigkeiten für seine Führungsaufgaben vermittelt; sie haben Charlies Verständnis von den Zuständigkeiten und Verantwortungsbereichen seiner Führungsposition komplett verändert.

Charlie hat begriffen, dass es nicht seine Aufgabe ist, die Mitglieder seiner Kolonie herumzukommandieren, sondern sie nach Kräften zu unterstützen. Er hat auch begriffen, dass er die drei Geheimnisse erfolreicher Führung nur dann auf Dauer glaubhaft umsetzen kann, wenn er ganz in seiner Rolle als unterstützende Kraft aufgeht. Mit Oskar als wohlgesinntem Beobachter im Hintergrund bemüht sich Charlie, seine Erwartungen exakt zu definieren, so zu kommunizieren, dass seine Botschaften auch wirklich ankommen, und seiner Kolonie Erfolge zu ermöglichen, indem er ihre Leistungen immer im Blick behält.

Schritt für Schritt verwandelt sich Charlie von einem extrem schwierigen, aufgeplusterten Schreihals in einen fairen, kompetenten Chef, der sich unermüdlich für die Belange seiner Kolonie einsetzt. Dank Charlies radikaler Verwandlung ist seine Kolonie mit einem Mal zu Leistungen fähig, die weder sie selbst noch irgendein Außenstehender für möglich gehalten hätte – und genau deswegen hat auch Charlie endlich wieder Freude an seiner Arbeit.

8
Aufgeplusterte Chefmöwen kommen Unternehmen teuer zu stehen

Mitarbeiter mögen sich ihrer Firma noch so sehr verbunden fühlen, doch wer seinen Chef nicht erträgt, beendet diese Beziehung eher früher als später wieder. Nichts und niemand hat auf die Arbeitsmoral und Produktivität eines Mitarbeiters so großen Einfluss wie sein direkter Vorgesetzter. Das ist nun einmal so, und jeder weiß es. Es zu wissen, reicht aber offensichtlich noch lange nicht aus, sonst hätte sich an der Art und Weise, wie Manager und Unternehmen im Allgemeinen ihre Mitarbeiter behandeln, schon längst etwas radikal verbessert. Wie es ist, vor einem Chef zu stehen, der sich gerade einmal wieder fürchterlich aufplustert, viel Wind aufwirbelt und lautes Geschrei veranstaltet, wissen wir alle. Anstatt sich in Ruhe darum zu bemühen, Unklarheiten zu beseitigen und gemeinsam mit dem Team nach praktikablen Lösungen zu suchen, überschüttet er uns mit kryptischen Ratschlägen und hinterlässt einen großen Haufen dampfenden Mist, den wieder wegzuräumen unser Job ist, denn so schnell, wie er über uns hergefallen ist, ist der große Herr und Meister auch schon wieder zur Türe hinaus. Chefs dieser Art treten bei ihren Mitarbeitern nur dann in Erscheinung, wenn es gilt, einen Brand zu löschen. Und selbst dann sind sie genauso schnell wieder weg, wie sie herangerauscht kamen und gehen dabei so unüberlegt – ja, geradezu gedankenlos – vor, dass sie diejenigen, die ihre Unterstützung am dringendsten benötigen, frustrieren und vor den Kopf stoßen, was den Brand nicht löscht, sondern erst recht anfacht.

Die erstaunliche Vermehrung dieser Spezies von Führungskräften ist ein heutzutage überall zu beobachtendes Phänomen. Die Verschlankung der organisatorischen und betrieblichen Strukturen, mit der Unternehmen versuchen, ihre Wettbewerbsfähigkeit angesichts immer neuer Technologien, gesetzlicher Vorschriften und um sich greifender Globalisierung zu sichern, hat zur Folge, dass auch die Managementebenen und mit ihnen die Anzahl der Führungskräfte reduziert werden. Die verbleibenden Führungskräfte sind mit größeren Befugnissen ausgestattet, tragen größere Verantwortung und haben eine deutlich größere Zahl von Mitarbeitern unter sich als früher. Dies bringt es mit sich, dass sie ihre ursprüngliche, eigentliche Aufgabe – die Führung ihrer Mitarbeiter – vernachlässigen, weil immer weniger Zeit dafür bleibt und die Grenzen der Zuständigkeiten zunehmend verschwimmen.

Auch wenn es schon immer und überall Manager gegeben hat, die sich benehmen wie aufgeplusterte Chefmöwen, vermehren sie sich seit dem neuesten betrieblichen Verschlankungswahn ganz besonders.

Für die Mitarbeiter, die unter einem Haufen Mist begraben werden, ist es leicht, ihren Vorgesetzten als aufgeplusterte Chefmöwe zu enttarnen, doch der Produzent des Misthaufens ist sich der Konsequenzen seines Handels oft gar nicht bewusst. Und damit befindet er sich in der Regel in guter Gesellschaft. In den meisten Unternehmen weiß die oberste Führungsriege noch nicht einmal, dass der Führungsstil ihrer aufgeplusterten Chefs den Erfolg des gesamten Unternehmens schmälert. Aus Unwissenheit und Uninformiertheit unterlassen also die Personen, in deren Macht es steht, für ein positives und produktives Arbeitsklima in ihren Betrieben zu sorgen, die notwendigen Maßnahmen.

Charlies Geschichte ist Fiktion, Ähnlichkeiten mit der realen Arbeitswelt sind jedoch nicht nur beabsichtigt, sondern nachweisbar:

- 34 Prozent der Arbeitnehmer halten ihren Chef für »eine totale Fehlbesetzung«.[1]

- Mitarbeiter, deren Vorgesetzte häufig die Verhaltensweisen einer aufgeplusterten Chefmöwe an den Tag legen, sind einem um 30 Prozent höheren Herzinfarktrisiko ausgesetzt als Mitarbeiter, deren Vorgesetzte sich in der Regel beherrschen können.[2]

- Fast die Hälfte der deutschen Arbeitnehmer spielt mit dem Gedanken, innerhalb der nächsten zwölf Monate den Job zu wechseln.[3]

- Nur 13 Prozent der Arbeitnehmer in Deutschland sind am Arbeitsplatz engagiert, woraus sich ein gesamtwirtschaftlicher Schaden in Milliardenhöhe ergibt.[4]

- 39 Prozent der Arbeitnehmer sind mit ihrer Arbeit insgesamt eher unzufrieden.[5] In den USA hassen sogar rund 50 Prozent ihren Job[6], und die Zufriedenheit am Arbeitsplatz ist auf dem niedrigsten Niveau seit 20 Jahren.[7]

- 35 Prozent der Mitarbeiter haben Kommunikationsprobleme mit ihrem Chef.[8]

Einige andere Zahlen rufen in Erinnerung, dass große Verantwortung auch eine große Belastung sein kann:

- Nur 21 Prozent der befragten Mitarbeiter wären bereit, den Job ihres Vorgesetzten zu übernehmen.[9]

- 64 Prozent der Manager geben zu, dass ihre Führungsfertigkeiten durchaus verbesserungsfähig sind. Auf die Frage, woraus ihre Hauptaufgabe bestehe, gab die überwältigende Mehrheit der Manager zur Antwort: »Dafür sorgen, dass die Zahlen stimmen«, wobei der häufigste Grund, aus dem Manager entlassen werden, die schlechte Mitarbeiterführung ist.[10]

- Nachdem Scott Adams über 20 Jahre lang die Managementkultur in seinen berühmten *Dilbert*-Comics karikiert hatte, ließ er sich darauf ein, selbst ein Manager zu werden und das Restaurant zu leiten, als dessen Miteigentümer er das Geschehen seit Jahren aus sicherer Distanz verfolgt hatte. Sein Ausflug in die harte, brutale Welt eines Managers lehrte ihn Demut dem Berufsstand gegenüber, und wie er ganz offen zugab, war sein größtes Manko als Führungskraft: »Ich ließ mich einfach zu oft dazu hinreißen ... mich auf meine Mitarbeiter zu stürzen und sie mit Dreck zu bewerfen.«[11] Jede Minute schlüpft eine neue aufgeplusterte Chefmöwe aus dem Ei!

Quellenangaben

1 In der 2004 durchgeführten Online-Umfrage des Magazins *Junge Karriere* und des Karriereportals *Monster* wurden 2 110 Personen befragt.
2 Ergebnisse einer Studie, bei der 6 442 männliche Arbeitnehmer über zehn Jahre lang begleitet wurden. Wie durch Vor- und Nachuntersuchungen über den Zeitraum der Studie und unter Berücksichtigung der konventionellen Risikofaktoren wie Alter, Cholesterinspiegel, Body Mass Index, Nikotin- und Alkoholkonsumverhalten, Bluthochdruck, Bewegungsmangel sowie der im Arbeitsumfeld vorherrschenden Bedingungen belegt wurde, lassen miserable Führungspraktiken seitens des direkten Vorgesetzten das Herzinfarktrisiko seiner Mitarbeiter steigen. Mika Kivimaki, Ph.D. et al., »Justice at Work and Reduced Risk of Coronary Heart Disease amont Employees«, *Archives of Internal Medicine*, 165, Nr. 19 (24. Oktober 2005): 2245–51.
3 Dieses Ergebnis entstammt der jährlich durchgeführten Studie des *Centre of Human Resources Information Systems* (CHRIS) der Universitäten Frankfurt am Main und Bamberg und des Online-

Karriereportals *Monster*. Vgl. Laumer, S.; Eckhardt, A.; von Stetten, A.; Weitzel, T.; König, W.: *Bewerbungspraxis 2009 – Eine empirische Untersuchung mit über 10 000 Stellensuchenden im Internet*. Bamberg und Frankfurt am Main 2008.

4 Ergebnis der jährlich durchgeführten Arbeitszufriedenheitsstudie des Gallup-Instituts, welches seit 2001 das Engagement von Mitarbeitern misst.

5 Dies ist das aktuelle Ergebnis einer momentan noch laufenden, anonym durchgeführten Internet-Umfrage der Ruhr-Universität Bochum. Das vorliegende Ergebnis berücksichtigt 3 500 Teilnehmer. www.testentwicklung.de/studie_bif.htm.

6 Ableitung aus verschiedenen Daten, die folgenden Quellen entnommen wurden: Ergebnisse einer repräsentativen Befragung von 5 000 US-Haushalten, durchgeführt im Auftrag des Conference Boards zu dem Thema »U.S. Job Satisfaction Declines«, 23. Februar 2007, online nachzulesen unter www.conferenceboard.org/utilities/press; Ergebnisse der umfangreichen Gallup-Umfrage über die Zufriedenheit an US-amerikanischen Arbeitsplätzen; Antworten von 14 095 Teilnehmern der Befragung von MSNBC.com.

7 MSNBC.com: »Americans hate jobs more than ever«, 25. Februar 2007, online nachzulesen unter www.msnbc.msn.com/d/17348695/.

8 Vgl. ASTD (American Society of Training & Development): »Bad News Gets Easier«, T+D 16. November 2005.

9 Ergebnisse einer Umfrage unter 1 053 männlichen und weiblichen Arbeitnehmern aus allen Altersgruppen, durchgeführt von der School of Business an dem College of William & Mary in Williamsburg, US-Bundesstaat Virginia. Online nachzulesen unter http://mason.wm.edu/Mason/News+Events/News/News+Archive/.

10 Aus Untersuchungen über einen Zeitraum von über 35 Jahren, bei denen 4559 Manager und 944 Personalchefs in 42 Ländern befragt wurden, vgl. Paul R. Bernthal, et. al.: »Leadership Forecast 2005–2006«, *DDI Executive Summary*, online nachzulesen unter www.ddiworld.com.

11 Vgl. Brad Stone: »The Tables Turn for Dilbert's Creator«, *New York Times*, 11. November 2007.

9
Sind Sie eine aufgeplusterte Chefmöwe?

Wenn dieses Buch seinen Zweck erfüllt, haben Sie sich diese Frage während der Lektüre mindestens einmal gestellt. Die spannende Frage lautet aber eigentlich nicht, *ob*, sondern *wann* Sie sich wie eine aufgeplusterte Chefmöwe benehmen. Es wäre natürlich eine feine Sache – obgleich auch irgendwie beängstigend –, wenn man Führungskräfte einfach in »gute« und »schlechte« unterteilen könnte. Meine größte Sorge beim Schreiben dieses Buches war, dass es als eine Art Detektor zum Aufspüren von einzelnen »Problemmanagern« missbraucht werden könnte, obwohl wir in Wahrheit doch alle mit dem Schreihalsvirus infiziert sind. Ja, richtig! Aus jedem einzelnen von uns bricht unter gewissen Umständen und bei bestimmten Personen gelegentlich die aufgeplusterte Chefmöwe heraus. Die eigentliche Herausforderung besteht darin, zu erkennen, unter welchen Bedingungen dieses Verhalten die Oberhand gewinnt. Nur dann können Sie sich von dieser schlechten Angewohnheit mit all ihren negativen Konsequenzen befreien und sich und Ihr Team zu Höhenflügen inspirieren.

Die Bezeichnung »aufgeplusterte Chefmöwe« ist im Übrigen nicht nur für Manager mit offizieller Befugnis zur Mitarbeiterführung reserviert. Ganz gleich, ob Sie ein Ingenieur, Profi-Skisportler, Sozialarbeiter, ein mit allen Wassern gewaschener Manager der alten Schule oder ein Berufsanfänger mit ehrgeizigen Karriereplänen sind, der Knackpunkt ist und bleibt, sich der Stress-, Konflikt- oder Problemsituationen bewusst zu werden, in denen Ihre innere aufgeplusterte Chefmöwe die Führung übernimmt. Die beste Vorgehensweise, um sich von diesen schlechten Managementpraktiken zu befreien, ist, Schwierigkeiten aller Art anzupacken, sobald sie sich abzeichnen, denn dann sind sie noch begrenzt und überschaubar genug, um relativ einfach behoben zu werden. Zu den typischen Ursachen für Gereiztheit und Ungeduld gehören übervolle Terminkalender, Stress, Beziehungsprobleme, Ärger im Privatleben oder mit den Kollegen, oder es kommt, wie so oft, einfach alles zusammen! Und auch wenn es ein Ding der Unmöglichkeit ist, immer alles richtig zu machen, liegt es durchaus im Bereich Ihrer Möglichkeiten, auf eine andere und bessere Art und Weise mit Problemen, mit Kollegen und Mitarbeitern und letztendlich auch mit sich selbst umgehen zu lernen.

Lothar Seiwert
simplify your time
Einfach Zeit haben

2010. Ca. 256 Seiten, gebunden
ISBN 978-3-593-39121-2

E-Book:
ISBN 978-3-593-40925-2

Hörbuch:
2 CDs, ca. 140 Minuten
ISBN 978-3-593-39331-5

Zeit, den Ballast abzuwerfen: simplify your time!

Schluss mit überfülltem Terminkalender, Dauerstress und endlos langen To-do-Listen: Mithilfe des simplify-Prinzips kann jeder lernen, souveräner und gelassener mit den tickenden Uhren und drängenden Aufgaben umzugehen. So bleibt endlich wieder Zeit für das wirklich Wichtige! In »simplify your time« zeigt Bestsellerautor und Zeitmanagementexperte Lothar Seiwert nicht nur, was für ein Zeittyp Sie sind, sondern er hält zahlreiche Ideen, erprobte Methoden und verblüffend neue Tipps bereit, wie Sie einfacher mit Ihrer Zeit umgehen können, um glücklicher und gelassener zu leben.

Mehr Informationen unter
www.campus.de

campus
Frankfurt · New York

Gerriet Danz
Neu präsentieren
Begeistern und überzeugen
mit den Erfolgsmethoden
der Werbung

2010. 255 Seiten,
Klappenbroschur
ISBN 978-3-593-38784-0

E-Book:
ISBN 978-3-593-40921-4

Damit der Funke überspringt

84 Prozent aller Präsentationen werden als einschläfernd empfunden. 84 Prozent aller Präsentationsbücher vermutlich auch. Es ist Zeit für eine völlig neue Art des Präsentierens!
Der ehemalige Kreativdirektor und heutige Kommunikationstrainer Gerriet Danz hat eine einzigartige Methode entwickelt: Er zeigt, wie man mit Techniken aus der Werbung ungewöhnlich und neuartig präsentiert.
Mit vielen Bildbeispielen erfolgreicher Werbekampagnen, 30 originellen Ideen für die häufigsten Präsentationsthemen im Beruf und zahlreichen Inspirationsquellen für Präsentationen.

campus

Mehr Informationen unter
www.campus.de

Frankfurt · New York